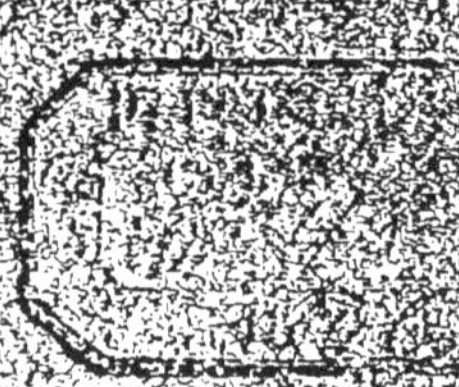

UNE

Seigneurie du Bas-Limousin

(CHAUNAC)

PAR

Victor Forot

Ingénieur civil

Chevalier et Officier de plusieurs Ordres français et étrangers

OUVRAGE ORNÉ DE NOMBREUSES GRAVURES DANS LE TEXTE
ET DE PHOTOTYPIES HORS PAGES

PARIS

LIBRAIRIE PAUL CHERONNET

19, rue des Grands-Augustins, 19

1906

UNE SEIGNEURIE DU BAS-LIMOUSIN

ÉTUDES HISTORIQUES

UNE

Seigneurie du Bas-Limousin

(CHAUNAC)

PAR

Victor Forot

Ingénieur civil

Chevalier et Officier de plusieurs Ordres français et étrangers

OUVRAGE ORNÉ DE NOMBREUSES GRAVURES DANS LE TEXTE
ET DE PHOTOTYPIES HORS PAGES

PARIS

LIBRAIRIE PAUL CHERONNET

19, rue des Grands-Augustins, 19

1906

UNE SEIGNEURIE DU BAS-LIMOUSIN

A peu de distance de Tulle, une heure de promenade, en suivant la route qui borde le charmant ruisseau de la Ceronne, se trouve, au sommet d'une colline, le lieu dit de Chaunac.

M. J.-B. Champeval, notre érudit compatriote, nous dit que Chaunac comprenait, au xve siècle, un bourg, une châtellenie, un repaire à Chaunac-Bas, un château à Chaunac-Haut, une chapelle, un prieuré, une collecte fiscale, enfin une forêt et le passage d'une voie romaine [1].

Nous allons voir tout cela successivement et en détail.

ORIGINE DE CHAUNAC

Constatons de prime abord que Chaunac était connu bien avant le xve siècle, et sans vouloir

---

(1) J.-B. Champeval. *Le Bas-Limousin seigneurial et religieux.*

remonter plus haut, en raison de la ressemblance des noms de *Cannaco* et *Caunaco*, Chanac et Chaunac, qui peuvent et ont déjà occasionné bien des erreurs, nous voyons d'une manière certaine que *Caunaco* (Chaunac) est cité dans le cartulaire de l'abbaye de Saint-Martin de Tulle dès l'an 930 [1], encore en 1090 [2], en 1100 [3], etc., etc. Une bulle du pape Adrien IV, portant la date de l'an 1154, cite *Capellam de Caunac* [4] et mieux encore en 1100 nous voyons : *Mansi del Balador* de Caunac [5].

Ici trouve sa place un correctif à notre travail sur *Une Vicairie civile en Bas-Limousin*, publié, il y a peu de temps, par le *Bulletin de la Société d'Ethnographie du Bas-Limousin* ; notre savant compatriote, M. Rémy Perrier, y a relevé une erreur que nous sommes heureux de réparer : Le Manse *del Balador de Caunac*, que nous n'avions pu retrouver, est précisément la propriété dont notre éminent compatriote Edmond Perrier parlait, il y a quelques mois, devant son sympathique auditoire du Théâtre de Tulle, lorsque la *Ruche corrézienne de Paris* lui décernait la branche d'or du châtaigner limousin. Ce *Balador de Caunac* est situé entre le *vieux Chastelard* et la chapelle actuelle de Chaunac, c'est une propriété de famille où nos compatriotes Edmond et Rémy Perrier viennent chaque année respirer l'air natal et se reposer du rude labeur scientifique de toute une année.

---

(1) Cartulaire de Tulle publié par M. J.-B. Champeval dans le *Bulletin de la Société archéologique de la Corrèze*. V. 9, p. 447.
(2) Même source. V. 10, p. 158.
(3) Id. V. 17, p. 284.
(4) *Histoire de Tulle*, de Baluze, col. 485.
(5) Cart. de Tulle *loc. c. Bulletin arch*. V. 17, p. 283.

LE BOURG

Le bourg, ou mieux le village de Chaunac, en y comprenant Chaunac-Haut et Chaunac-Bas, que l'on nomme plus souvent *Matou*, est situé entre Tulle et Naves. Au nord-ouest de Tulle, dont il est séparé par une distance d'environ 8 kilomètres ; au sud-ouest de Naves, son chef-lieu de commune, qui est à environ 5 kilomètrès et demi. Vingt et une maisons logent 109 habitants. Ce village est à peine à cinq ou six cents mètres des confins des communes de Saint-Mexant à l'ouest, de Chameyrat au sud et de Tulle à l'est. Agréablement situé sur un mamelon, à 384 mètres d'altitude ; les ruisseaux la Ceronne et le Cironcle en arrosent la base et des ruisselets sautillent à travers ses prés et ses pacages.

LA CHATELLENIE

Des documents du xviiie siècle [1] nous indiquent la *Castellania de Chaunac*, mais nous n'en avons pas retrouvé trace à une date antérieure et c'était, croyons-nous, plutôt par abus de mot qu'on employait celui de *châtellenie* au lieu de *seigneurie*. Cependant, d'après M. J.-B. Champeval, la châtellenie en question aurait relevé des abbés, puis des évêques de Tulle. Elle

---

(1) Archives du château de Bach.

appartenait en propre à l'abbaye et avait pour seigneurs, au xiᵉ siècle, les nobles de Lasne, au xiiiᵉ et xvᵉ les nobles de Chaunac, au xiiiᵉ et xviᵉ les évêques de Tulle, au xvᵉ et xviᵉ les nobles de Sourries, au xviᵉ les La Fagerdie, au xviiᵉ les Teyssier, au xviiiᵉ les nobles Bouchiat et les Fénis. Ajoutons-y, au xviiiᵉ siècle, les Sclafer [1].

Nous ne nous attarderons pas à rechercher quels furent les abbés ou évêques titulaires de cette seigneurie, non plus que sur les Lasme du xiᵉ siècle, cela nous écarterait trop de notre sujet.

Arrivons au xiiiᵉ siècle et aux Chaunac qui prirent le nom de l'endroit.

Cette famille des Chaunac, avec son appellation latine de *Caunaco*, de *Conaco*, etc., se confond originairement avec celle des Chanac et des Cosnac, de façon qu'il est très difficile de la distinguer. Une filiation fantaisiste a rattaché ensemble les Chanac aux Chaunac et les Teyssier de Chaunac aux Chaunac primitifs. Une généalogie de la famille Teyssier, de Chaunac, fut à une certaine époque adressée par M. Teyssier des Farges à M. le comte de Lauthonnye. Cette généalogie qui se trouve à la bibliothèque nationale, mêle trois familles qui n'ont entre elles aucun rapport de filiation, savoir : Les Chanac, les Chaunac, les Teyssier de Chaunac. La longueur de ce document ne nous permet pas de le publier *in-extenso*; en voici cependant un aperçu [2] :

I. *Imon de Chanac*, chef de la famille, vivait en 924.

II. *Bernard de Chanac* lui succéda en 980, puis vinrent :

III. *Fulco* et IV. *Frudinus de Chanac* ;

V. En 1106-1156 vivait *Guillaume de Chanac*, puis :

VI. *Jean de Chanac*, qui mourut en 1256. En 1248 naquit *Guillaume de Chanac*, qui fut évêque de Paris en 1332, patriarche de Jérusalem en 1342, et mourut en 1348.

Le VIIe fut *Pierre de Chanac*, 1271, à qui succéda :

VIIIe. Autre *Pierre de Chanac*, en 1306, qui eut pour fils *Fulio de Chanac*, évêque de Paris, en 1342, mort en 1349.

IXe *Gui de Chanac*, marié à Isabelle de Monteron, mourut en 1348 ;

X^e. *Helie de Chanac*, 1332, marié à Galienne de Ventadour. Puis successivement viennent *Robert de Chanac* en 1376, doyen de Beauvais ; en 1394, *Fulio de Chanac*, évêque d'Orléans ; en 1394 mourait *Guillaume de Chanac*, cardinal, patriarche d'Alexandrie ; en 1404 s'éteignait aussi son frère *Bertrand de Chanac*, cardinal, archevêque de Bourges.

Le XIe chef du nom fut *Helie de Chanac*, 1410-1415.

Enfin ici commence l'hypothèse : le XIIe *N...* de *Chanac* (ou *Chaunac*) 1420 ; le XIIIe *N...* de *Chanac* (ou *Chaunac*), 1450 ; le XIVe *N...* de *Chanac* (ou *Chaunac*), 1480 ; puis XVe *Jean Ier* de *Chanac* (ou *Chaunac*), en 1516, mariée à Étiennette Ragcaud.

C'est ici que nous semble devoir s'arrêter la généalogie des *Chanac*, car nous voyons apparaître dans l'arbre généalogique, en 1550, un XVIe chef, *Jean de* CHAUNAC *N... de Tessieres*, avec engagement de joindre son nom au sien.

Ce personnage ne paraît-il pas supposé pour les besoins de la cause ?

Immédiatement après, vient un XVIIe chef, en

1593, *Jean 1ᵉʳ de Teyssier de Chaunac*, marié à Marguerite du Verdier, puis XVIIIᵉ *Jean 2ᵉ Teyssier de Chaunac*, marié à Julienne Jarrige. XIXᵉ Jean-Blaise *Teyssier de Chaunac*, marié en 1683 à Martine Régis des Farges, qui joint son nom au sien et porte ses armes. Un des leurs, *Jean-Blaise Teyssier de Chaunac*, épouse Anne Baluze, de Bessou (de la famille de notre grand historien Etienne Baluze).

XXᵉ. Hyacinthe *Teyssier des Farges* épouse Catherine Leleu en 1728.

A cette époque, en 1740, se fit l'alliance des familles *Teyssier de Chaunac* et *Lauthonie de Lagarde* :

Le 5 avril 1740, il y eut mariage entre Messire Charles de Lauthonie, chevalier, baron de Lagarde, et demoiselle Jeanne-Aimée de Teyssier de Chaunac, en présence de Mᶜ Jean Baluze, seigneur de Bessou, et de Messire Jean-Pierre d'Auteroche, chevalier, seigneur de la Martinie [1].

Les Lauthonie vinrent alors s'installer à Chaunac.

Dès le xvᵉ siècle, les Teyssier étaient riches et se distinguaient par les charges qu'ils possédaient, par les hauts emplois civils. C'est ainsi que nous voyons figurer dans la liste des anciens maires et consuls, en 1586, Mᶜ Jean Teyssier, receveur ; 1595, Jean Teyssier, bourgeois ; 1596, Pierre Teyssier, bourgeois ; 1598, Etienne Teyssier, hoste ; 1634, Mᶜ Jean Teyssier, sʳ de Giguet, bourgeois.

C'est un Teyssier (Charles), avocat, qui fut le

---

(1) Arch. de la mairie de Tulle, série G. G. Actes de l'Etat Civil.

premier, en 1555, à établir les concours scolaires avec prix en faveur des élèves du collège de Tulle. Ces concours prirent le nom de *Jeux de l'Eglantine*, sous lequel ils sont encore connus. Ils se célébraient alors le premier dimanche de mai [1] et les prix étaient décernés à ceux des élèves qui composaient les meilleures pièces de vers en langue française ou limousine, sur un sujet obligé, et ce ne fut que lorsque la direction de notre collège fut confiée aux Jésuites que cessèrent les jeux floraux. Nos amis, les félibres limousins, les ont fait renaître et, chaque année, les Mainteneurs des Ecoles limousines nous invitent à prendre part à la *fête de l'Eglantine* qui se célèbre tantôt au nord, tantôt au sud de notre vieux Limousin, mais dont les assises rappellent toujours la mémoire d'un ou plusieurs troubadours. Espérons qu'un jour ils se souviendront que ce sont les Teyssier et les La Fagerdie qui sont les promoteurs de ces jeux en Limousin, nous aurons alors un beau jour pour Tulle et pour Chaunac !

Dans le courant du XVIe siècle, les Teyssier, bourgeois de Tulle, étaient devenus possesseurs d'une partie des terres de la seigneurie de Chaunac; en 1543, Jean Peyrot Teyssier ne se titrait pas encore du nom de l'endroit, mais son successeur, autre Jean Teyssier, s'intitule *de Teyssier de Chaunac*, ainsi que nous le verrons par un acte de 1628 qui va suivre.

Terminons l'historique des Teyssier par une pièce intéressante :

Nous Jean de Genouillac, de Vaillac, evesque vicomte et

---

(1) Clément-Simon, *Histoire du Collège de Tulle*.
A. Petit, archiviste de la Corrèze, *Charles de la Fagerdie et les Jeux de l'Eglantine*.

seigneur de la ville de Tulle, abbé de Roquemadour, conseiller du Roy en ses conseils d'état et privés, après avoir veu la permission de feu notre prédecesseur evesque, le seigneur de Lagane, touchant la bastisse de la chapelle Saint-Sébastien et de la Nativité en nostre eglise parrochielle Saint Julien de la dite ville, et du costé du cimetière d'icelle faicte à feu Jean Peyrot Teyssier et du consentement des scindics fabriciens de la dite eglise, le dit feu Teyssier fist construire la dite chapelle desirant que les successeurs dudit feu Teyssier jouyssent du privilege de patrons et fondateurs de la dite chapelle, avons permi et permettons pour tant que besoin sera à demoiselle Marguerite Duverdier vefve et heritière de feu Jean Teyssier, sieur de Chaunac, de faire le litre et scinture funèbre, au dedan et au dehors, la dite chapelle Saint Sébastien et la Nativité avec affiches des armoyries dudit sieur aussin quelle verra a la charge d'entretenir bien et duement la dite chapelle de couvert et de pavé et de vitres, et les autels d'icelle bien et duement garnis sauf préjudice de nos droits et de nos successeurs.

En foy de quoy avons signé les presentes, faites signer à nostre secretaire et munir de nos seing et armes.

A Tulle en nostre maison episcopale et sale d'icelle le vingt cinquiesme jour du moy d'april mil six cent vingt huict.

Maynard secretaire (1).

Les Teyssier ne possédaient pas seul le droit de sépulture dans cette chapelle, car nous voyons une « attestation donné à Elie Coly, cordonnier de » Tulle au sujet de la sépulture qu'il possède dans » la chapelle Teyssier dependant de l'église Saint-Julien. » (2)

Les seigneurs de Chaunac avaient aussi leur sépulture dans la chapelle du Puy–Saint-Clair à

---

(1) *Journal de la Paroisse de Naves.*
(2) Archives de la Corrèze. E. 865.

Tulle, mais cet usage ne datait que de l'époque
de l'achat de la seigneurie par la famille Teyssier.
Les anciens seigneurs de Chaunac que l'on dési-
gnait aussi quelquefois sous le nom de seigneurs
de Naves, avaient droit de sépulture, pour eux et
leurs famille directe, dans l'église abbatiale de
Tulle [1].

L'acte qui précède nous dit que les armoiries
des Teyssier décoraient la chapelle de l'église de
Saint-Julien à Tulle ; en voici la description :

Sur un cartouche, écusson ovale (de gueules), à un chevron (d'or) accompagné en chef de deux roses (d'argent)
tigées et feuillées (d'or) et en pointe d'un agneau pascal
(d'argent) la croix et la banderole (d'or) ; au chef (cousu
d'azur) chargé de trois étoiles (d'or).

Les émaux sont indiqués d'après le blason donné pour
Jean-Joseph Teyssier sieur du Mazel, avocat en parlement à
Tulle, par l'armorial général de 1696 (Limousin) [2].

Parlerons-nous encore des anciens seigneurs
de Chaunac : les *Sourries* qui étaient des premiers seigneurs de Lavaur et dont un descendant
fut prévôt de Tulle de 1493 à 1502 ;

Les *La Fagerdie*, avec leur notoriété si grande
déjà au xvie siècle, leur vicaire général de Tulle
en 1561, leur grand prévôt de cette même abbaye
en 1652-1654, leurs conseillers et présidents en
l'élection du Bas-Limousin ;

Les *Bouchiat*, alliés aux Montmaur et qui
comptèrent plus tard un Directeur général des
Haras ;

Enfin des *Sclafer* qui se titraient de *La Rode
et de Chaunac* au xviiie siècle.

---

(1) *Journal de la Paroisse de Naves*.
(2) *Sigillographie du Bas-Limousin*, par MM. de Bosredon et
E. Rupin.

Ces familles sont trop connues et sont si souvent mentionnées dans nos annales limousines que nous ne croyons pas devoir entrer dans plus de détails.

Il en est une cependant dont nous ne pouvons nous dispenser de dire quelques mots, malgré sa grande notoriété en Bas-Limousin. Nous voulons parler de la famille des Lauthonnye, possesseurs de Chaunac pendant plus d'un siècle et demi.

Cette famille, originaire du lieu de Lauthonie, voisin de Sainte-Fortunade, près Tulle, était déjà bien connu au xive siècle. En 1397, un Jean de Lauthonie, damoiseau, rend hommage au sujet d'une partie de ses biens de Lagarde (*de Guardia*) au seigneur Aymard de Lagarde. En 1439, autre Philippe de Lauthonnye, « après s'être » dépouillé de sa ceinture (*zona*), de ses éperons » (*calcaribus*), nu-tête (*caputio remoto*), déclarait » en cet état, ses mains dans celles du seigneur » suzerain (le duc de Ventadour), tenir de lui, en » franc fief, ses possessions, rentes, château, etc., » *de Guardia* et lui jurait foi, hommage et fidé- » lité » [1].

A la montre d'Eymoutier, en 1471, assistait un Gérald de Lauthonie « en brigantines, salade, voulge, espée et dague ». En 1575, Jean de Lauthonnye, maréchal-des-logis de la compagnie du comte de Ventadour, sous les ordres de Jean de Veilhan, sieur de la Maureille, capitaine-gouverneur à Tulle, fut fait prisonnier, avec ce qui restait de sa troupe, par les Huguenots.

Dix ans plus tard, en 1585, un de Lauthonnye se fit honneur dans la défense de la ville de Tulle contre les troupes du trop célèbre Lamaurie, lieu-

---

(1) J. Poulbrière. *Dictionnaire historique et archéologique des Paroisses du Diocèse de Tulle.* V. II, p. 280.

tenant du vicomte de Turenne ; sa conduite lui mérita la lettre suivante qui lui fut adressée par le roi Henri III :

Monsr de Lauthonnye, je ne vous scaurois assez exprimer le contentement qui me demeure du bon et fidel debvoir que vous avez faict de secourir les habitans de ma ville de Tulle et les dellivrer des miseres et calamitez qui leur estoient préparées si Dieu eust permis que Lamorye et ses adherens fussent venuz à chef de leurs entreprises. Sur quoy comme vous n'avez pas moings merité de louanges que de recompense, je desire que l'occasion se presente de vous rendre contant de l'une et de l'autre : à quoy vous me trouverez toujours très disposé. Et cependant je vous prieray de ne vous lasser point de secourir ces pauvres gens s'ilz viennent de rechief à reclamer vostre assistance. Priant Dieu, Monsr de Lauthonnye, qu'il vous tienne en sa saincte et digne garde. Escript à Paris le XXIIIIe jour de septembre 1585. HENRY et plus bas DE NEUVILLE.

Les de Lauthonnye devinrent possesseurs de grands biens, non seulement dans les paroisses de Lagarde et Sainte-Fortunade, mais encore dans celle de Bassignac-le-Bas où Pierre de Lauthonie cède à bail, en 1680, aux sieurs Faucher, son domaine de La Besse situé dans cette paroisse [1]. Aussi, dans la paroisse de Naves où, en 1758, Jean-Charles de Lauthonie acquiert de Léonard Beaufès, bourgeois de Tulle, les rentes féodales sur le village des Horts [2]. Ils possédaient encore, en 1772, dans cette même paroisse, les tènements de la Meynardie et de Meymac [3].

Enfin, en 1783, messire Jean-Joseph, baron

---

(1) Arch. de la Corrèze. E. 319.
(2)   Id.   E. 703.
(3)   Id.   B. 813. Ces tènements étaient tout près des Horts.

de Lauthonie, chevalier, seigneur dudit lieu de Lagarde, de Boissy, de Chaunac, de Meyrignac et autres lieux, possédait, outre les tènements précédemment désignés, ceux de la Maugenie, de la Combe, de la Georgie, de Mariaux, de Porte, de Servantie, du Chat, etc., etc., dans la paroisse de Tulle et autres [1].

C'est en 1740, après l'alliance avec les Teyssier, que la famille de Lauthonie vint s'installer à Chaunac où elle est restée jusque vers 1894, époque où ce qui restait de l'ancienne seigneurie, déjà bien morcellée, passa aux mains de M. Baptiste Relier, de Tulle, qui en est actuellement propriétaire.

LE CHATEAU — LE REPAIRE

L'ancien château, ou le repaire, car les deux ne devaient faire qu'un sous la domination du seigneur, était situé à environ cinq cents mètres de distance, au sud, de l'habitation principale actuelle, dans un lieu à l'aspect sauvage, qui domine la petite et gracieuse vallée du Cironcle.

Une éminence de terre, de forme circulaire et d'environ trente-cinq mètres de diamètre au sommet, et six à sept mètres de hauteur, indique l'emplacement des anciennes constructions composant le château.

Sur un des côtés se voit une excavation quadrangulaire, de huit mètres sur huit mètres et d'une profondeur moyenne de deux mètres. Cette fouille semble avoir été l'emplacement d'une tour

---

(1) Arch. de la Corrèze. B. 735.

carrée dont on aurait cherché les fondations après avoir abattu les murailles.

Les anciens fossés, ou tout au moins leur emplacement, sont faciles à reconnaître, la trace en est encore bien définie ; ils paraissent avoir eu une profondeur de trois à quatre mètres, nous les avons suivis, contournant le périmètre de l'ancien château, sur une longueur de plus de 150 mètres.

Par la configuration actuelle du terrain, il semblerait que le château avait une seconde enceinte, séparée de la première par une plate-forme dont nous avons cru reconnaître l'assiette vers le sud. C'était, croyons-nous, une plate-forme demi-circulaire qui était protégée par des glacis. Il est certain que ce château, et ses fortifications, avaient une grande importance, puisque l'emplacement des anciens glacis serait à plus de soixante mètres de la tour centrale.

Mais là ne se bornaient pas les constructions de ce centre seigneurial ; nous savons par un procès-verbal, daté de 1687, que l'ancienne chapelle du château était située en dehors des fossés, près du chemin creux qui se prolonge jusqu'à la plate-forme dont nous venons de parler [1].

Cet ancien château fut brûlé à plusieurs reprises, comme nous le diront les actes de l'époque, qui seront donnés plus loin. Les matériaux servirent à la construction d'un second château élevé plus tard sur l'emplacement de l'habitation actuelle.

C'est ce deuxième château-ferme qui fut successivement habité par les Teyssier, par les Baluze accidentellement, car la famille de notre grand historien qui était apparentée aux Teys-

---

[1] Nous donnons plus loin ce procès-verbal.

sier, comme nous l'avons déjà vu, vint se réfugier
à Chaunac, en 1631, époque où une terrible peste
ravageait la ville de Tulle [1]. Etienne Baluze fit
ses premiers pas à Chaunac [2]. Enfin, plus tard,
ce château, menaçant ruine, fut remplacé par la
maison bourgeoise actuelle qui était habitée par
les de Lauthonie.

Dans nos notes relatives à nos recherches à
Chaunac, nous voyons qu'il existe encore quelques
restes de splendeur du passé seigneurial de ce
château ; telles de vieilles armoiries sculptées
dans une forte dalle de granit qui fut retrouvée
enchâssée dans un vieux mur et dont voici une
reproduction :

Pierre de granit trouvée dans un mur

A dextre sont les armoiries des Bouchiat,
seigneurs du Bigeardel (Plaisant de Bouchiat)

---

portant d'azur à un chevron d'or, accompagné de trois coquilles du même, deux en chef, une en pointe [1]. Le Nobiliaire de Nadaud ajoute que le chevron est surmonté d'une croisette ancrée d'or et que la coquille placée en pointe surmonte un croissant du même. Les armoiries que nous avons retrouvées à Chaunac ne portent rien de cela.

D'autre part, nous trouvons encore que L. Teyssier dont la famille est originaire de Naves, portait sur écusson d'argent à un chevron d'or, accompagné de trois coquilles d'argent, deux en chefs et une en pointe. Casque orné de lambrequins. Les émaux de ces dernières armoiries sont donnés suivant le blason de l'armorial général de 1696 (Limousin) pour *Jean-Léonard* Teyssier, sieur de Leyrac, colonel de la ville de Tulle et receveur des consignations en l'élection [2].

Nous n'avons pu identifier d'une manière absolument exacte les armoiries de l'écusson de senestre.

D'autres armoiries aussi intéressantes, mais dont nous n'avons pu encore établir la signification, ont été retrouvées dans les caves de Chaunac ; nous en avons fait un croquis que nous donnons page suivante, heureux si un de nos lecteurs peut les expliquer.

(1 et 2) De Bosredon et Rupin. *Sigillographie du Bas-Limousin,* t. I, pp. 231 et 673.

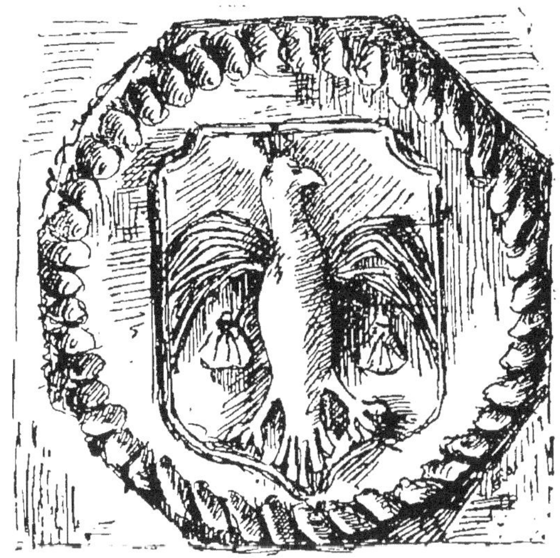

Granit trouvé dans les caves

Cet écusson, ciselé dans un bloc de calcaire, provient, dit-on, de l'ancienne chapelle du XVIIe siècle.

Enfin, une belle table, aussi en calcaire, qui se trouvait, paraît-il, au-dessus de la porte principale du dernier château et sur laquelle sont sculptées en relief les armoiries des Lauthonie. En voici un dessin très exact :

Pierre qui se trouvait au-dessus de la porte principale

Les armoiries de la famille de Lauthonye

ayant déjà fait l'objet de nombreuses controverses, nous n'essayerons pas de les expliquer ; cependant, pour l'édification du lecteur, nous reproduisons ci-après ce qu'en ont dit les héraldistes [1] :

N° 1231. — Lauthonye (N. de) [Lagarde 1742]. Sur un cartouche, écusson ovale, écartelé : aux 1 et 4, à trois étoiles ; aux 2 et 3, à deux roseaux en sautoir [2]. Couronne de marquis. Support deux griffons.

Cette description a été faite d'après un cachet appartenant à M. l'abbé Niel, curé de Naves.

N° 1232. — Sur un cartouche, deux écussons ovales accolés : celui de dextre aux armes de Lauthonye [3] ; celui de senestre d'argent, au chevron de gueules, accompagné en chef de deux tiges de roses posées dans le sens du chevron, et, en pointe, d'or à un agneau portant une banderolle, au chef d'azur chargé de trois étoiles. Couronne de marquis.

N° 1233. — Sur un cartouche, écusson ovale écartelé : aux 1 et 4 d'azur, à deux tiges et épis de blé d'or, aux 2 et 3 d'or, à trois étoiles d'azur, 2 et 1. Couronne de baron. Support deux griffons.

---

(1) La plupart des citations qui suivent sont extraites de la *Sigillographie du Bas-Limousin* publiée par MM. Bosredon et Ernest Rupin.

(2) Lainé (*Nobiliaire du Limousin*) et Grandmaison blasonnent ainsi les armes de cette famille : Écartelé aux 1 et 4 de gueules, à trois étoiles d'or ; aux 2 et 3, de sinople, à deux fuseaux d'argent posés en sautoir. — De Bergues-Lagarde donne un blason un peu différent : Écartelé aux 1 et 4 d'azur, à deux épis de blé d'or réunis en pointe ; aux 2 et 3 d'or, à trois molettes d'azur à cinq pointes. — Nadaud (*Nobiliaire*, pp. 34 et 35) indique : écartelé aux 1 et 4 de gueules à trois étoiles d'or, 2 et 1 ; aux 2 et 3 de sinople, à deux roseaux de sable pris en sautoir. Enfin une maintenue publiée dans le *Chroniqueur du Périgord et du Limousin*, t. III, pp. 19 et 20, blasonne ainsi : Écar elé aux 1 et 4 d'azur, à deux branches et épis de blé d'or ; aux 2 et 2 d'or, à trois étoiles d'azur, 2 et 1, le cachet décrit au n° suivant est conforme à ce dernier blason.

(3) Sur ce cachet les armes, qui sont très distinctes, sont figurées : aux 1 et 4 d'azur, à deux rameaux posés en sautoir (et non des épis de blé ou des roseaux) ; aux 2 et 3, d'or, à trois étoiles (probablement d'azur) 2 et 1.

Citons enfin, au sujet des dernières armoiries retrouvées à Chaunac, ce que nous écrit M. G. Clément-Simon, allié de la famille des Lauthonye :

1° Lauthonnye. Ecartelé : aux 1 et 4 d'azur à deux roseaux de sable en sautoir ; aux 2 et 3 d'or à trois étoiles de..... 2 et 1 ;

2° Montaignac. D'azur au sautoir d'argent accompagné de 4 molettes de.....

Mais ces armes ont été mal représentées.

Lauthonnye porte : Ecarlate aux 1 et 3 de gueules à 3 étoiles d'argent.

Montaignac porte : De sable au sautoir d'argent accompagné de 4 molettes de même.

LA CHAPELLE

La chapelle de Chaunac est connue dès le XIIe siècle. Le Cartulaire de l'abbaye de Saint-Martin de Tulle contient une bulle du pape Adrien IV, datée de l'an 1154, citant cette chapelle — (*Capellam de Caunac*) — comme une dépendance de l'abbaye de Tulle [1].

M. Champeval dit, dans une note du Cartulaire de Tulle, qu'il se peut que Chaunac ait été une paroisse [2]. Nous l'avons toujours trouvé sous la désignation de *Capellam*.

Cette chapelle jouissait d'une vicairie qui était à la collation du prévôt de Naves, mais, cependant, sur la présentation du seigneur de l'endroit. Et il est à croire que l'accord n'était pas toujours

---

(1) Baluze, *Hist. Tutel.*, *loc. c.*, col. 485.
(2) *Bul. de la Soc. arch. de la Corrèze.* V. 11, p. 442.

parfait entre ces deux autorités, ainsi que le prouve la pièce suivante :

Aujourd'huy quatorzièsme jour du moys de novembre mil six cent quarante troys à l'heure de midy, pardevant nous Hiérosme Déprès, sieur de la Bernardye Conseiller du roy au siége présidial estably par sa majesté en la ville de Tulle, en nostre logis, s'est présenté maistre Jéhan Teyssier sieur de Chaunac, advocat en la cour, assisté de maistre Anthoine Jarrige son procureur, par lequel nous a été dit qu'en l'instance pendante au siege seneschal de la dite ville, entre le seigneur prévost de Naves, demandeur, et le dit sieur de Chaunac deffendeur, par appoinctement d'audiance du dixiesme jour du dit moys, les partyes auraient esté réglées à justifier des faits par eux allégués, et qu'ils pourroient plus amplement articuller tant par escript que par tesmoings, dans la huictaine ; en execution duquel, le dit sieur de Chaunac a fait assigner devant nous a ce jourd'hui, heure de huict du matin Pierre Maure, Pierre Pourchet dit Brouquet, Pierre Chastang dit Bonnet, Anthoine Vaujour dit Pouyssac, Jean Beyssanes dit Monclaux, Jean Maure dit Franconnel, Pierre Rode dit Légodal, et Mariot Pourchet, tous habitants du dit village, pour déposer de veritté sur les faits articullés par le dit sieur de Chaunac, en resuzation des sieur Baluze, enquesteur lieutenant général, et aussy nostre greffier, beau-frère et proche parent du dit sieur Teyssier, ensemble le maistre Aymard Montheil, procureur du dit sieur de Naves, pour les voir produire et jurer sur l'intimation ainsin que de ce le dit Jarrige a fait apparoir par exploit signé de Jarrige, sergent ; et d'autant que les dits tesmoings sont icy présents. Ensemble, le dit Montheil requier qu'il soit procédé à leurs serments et audition sur les dits faits dont requier acte.

Sur quoy, nous conseiller susdit, lecture faite du dit appoinctement du dit jour dixièsme du courant, ensemble des faits mis au greffe par le dit sieur Teyssier, le lendemain unziesme du mesme moys inthimé au dit Montheil le mesme jour et exploit d'assignation qu'il nous est nothoire l'heure de huict avoir sonné aux horologes de la présente ville, avons

concédé acte au dit Jarrige de la production des dits témoings
en présence du dit Montheil ; et après qu'ils ont levé la main
à Dieu et promis dire veritté, avons procedé secretement et a
part a leurs auditions sur les susdits faits, avec maistre Jéan
Treille, greffier par nous prins d'office, qui ont dict comme
s'ensuit : s'ensuit la teneur des auditions et dires de dépposi-
tion des dits tesmoings

1º Pierre Maure du village de Chaunac, paroisse de Naves,
agé de quatre vingt dix ans ou environ, tesmoing produit,
après serment par luy fait aux saincts Dieu Evangilles, de
dire veritté sur ce que par nous sera interrogé. Interrogé sur
la cognaissance des partyes et s'il est leur parant, allié, amy,
ennemy, serviteur, n'y domestique d'aucunes d'icelles ; a dit
les coignoistre et estre ayeul maternel du metayer du dit sieur
de Chaunac, et n'estre autrement leur parant, allié ny domestique ; et sur les faits du dit sieur de Chaunac dit qu'il scait
la dite Chapelle estre scittuée sur le bort du fossé du chasteau
de Chaunac pour l'avoir veu toute sa vie, que de tout temps
il a ouy appellé la dite chapelle tantost la chapelle du Chasteau ; tantost la chapelle de Chaunac, et n'a veu ny seu qu'il
y ayt jamais eu autre chemin pour aller du dit village a icelle
que celluy qui est de presant traversant le dit fossé et masures du chasteau ; qu'il est souvenant que le feu sieur père du
dit sieur de Chaunac a fait faire deux foys la cloche de la dite
chapelle despuys trante ans en çà ; et le dit sieur de Chaunac,
puys quatre ou cinq ans, est mémoratif quelle pesa la dernière foys douze vingt livres ; qu'il y a seize ou dix sept ans
que le dit sieur de Chaunac fit rebastir la dite chapelle qui
était presque toute ruynée ; bastir et hausser les murailles,
de tous costés blanchir et couvrir icelle ; ledit sieur de Chaunac, après le décès du dit feu sieur son père, la fist reblanchir,
fist faire la porte a neufs ensemble la serrure, et une barre de
fer a une visière qui avoit esté desrobée ; la clef de laquelle
son metayer plus prosche de la dite chapelle a toujours guar-
dée despuys, par son commendement. Qu'il a veu porter a la
dite chapelle, et aydé a porter de Tulle les dites images en
bosse, ou le dit sieur de Chaunac les avoit deslivrées ; que le
viquaire de Chaunac n'a jamais fait aucune fonction curiale
dans le dit village ; ains le curé de Naves y porter les sacre-

ments ; et ne scait point que le dit viquaire ayt d'autre revenu que les fruicts des pièces mentionnées es dits faits dont il n'a jamais seu qu'il ayt paye renthe ; parce que, comme il a toujours ouy dire, les dites pièces avoient esté données par le seigneur de Chaunac qui était patron de la dite chapelle et viquairie et a toujours veu que lorsqu'on y venait dire la messe qui est de quinze en quinze jours le dimanche le prestre demandait d'abord qu'il arrivoit, sy le dit sieur de Chauuac y estoit ou aucuns des siens, auquel cas il attendoit toujours a dire la messe jusqu'a ce qu'ils estoient venus ; et ce dessus a dit scavoir pour avoir demeuré la meilleure partye de sa vie dans le dit village, et ayant a tirer de la pierre des masures du chasteau, il y a trouvé du charbon et autres pièces bruslées, et a ouy dire que le dit chasteau avoit esté bruslé. Et après lui avoir fait lire sa déposition par nostre greffier, il a persisté et n'a seu signer, de ce faire interpellé.

2° Pierre Pourchet, dit Brouquet de mesme village aagé de quatre vingt ans ou environ, ... a attesté les mêmes chouses que le susdit Pierre Maure.

3° François Chastang dit Bonet du mesme village aagé de soixante ans ou environ n'ajoute rien aux dépositions des deux précédents.

4° Anthoine Vaujour, aagé de soixante quatre, masson du village de Chaunac, a aidé a rebastir la dite chapelle. . . . .

5° Jean Beyssannes, dit Monclaux, natif du village de Beyssannes, paroisse de Montheil, en Rouergues, habitant puys vingt deux ans le village de Chaunac aagé de cinquante cinq ans ou environ atteste les mêmes choses que les précédents...

8° Mariot Pourchet aage de soixante neuf ans ou environ dit avoir toujours ouy dire que le chasteau de Chaunac avoit esté bruslé, et d'effect travaillant aux masures d'icelluy en dernier temps, pour le dit sieur de Chaunac, il y a trouvé des thuilles et autres choses bruslées. . . . .

Clos et arresté par nous Deprès et de Melon.

Après l'audition d'une kyrielle de témoins, le procès se continuant, il fut procédé à un transport de justice ; voici le procès-verbal qui résulat de cette formalité judiciaire. Cette pièce est d'un grand intérêt pour l'historique du vieux château et de sa chapelle :

Par devant nous Anthoine Jasse de Pomerye, sieur Désages, conseilher du roi en ses conseilhes, lieutenant assesseur au siège présidial estably par sa majesté en la ville de Tulle, ce jourd'huy vingt sixiesme octobre mil six cent quarante troys, en nostre logis a comparu maistre Jehan Teyssier, sieur de Chaunac, advocat en la cour, assisté de maistre Jarrige, son procureur, qui nous a dit qu'au procès et instance qu'il a pendante au siege seneschal, entre messire Henry de Saint Marsal de Puydeval, seigneur prévost de Naves, demandeur et le dit Teyssier deffandeur, tant aurait esté procédé que par appoinctement d'audiance du courant aurait été ordonné que nous nous transporterions sur les lieux à ce jourd'hui. . . . .

. . . .

Nous a dit le dit sieur de Chaunac sa partye avoir fait requerir le dit transport pour faire veoir par l'inspection des lieux qu'en qualité de seigneur du dit Chaunac, il est patron et fondateur de la chapelle du dit Chaunac par toutes les marques d'un legitime patron et fondateur pour estre la dite chapelle bastye sur le sol du seigneur du présent lieu, sur le bort du fossé du chasteau quy doibt estre présumé de n'avoyr esté bastye par autre que par le dit seigneur, et parce que tout le revenu de la dite viquairie consiste en quelques possessions sittuées dans les appartenances du dit Chaunac dont le dit viquaire n'a jamais payé de rente au dit seigneur . . . . . . lui avons donné acte, et de ce qu'il n'y a autre chemin ny vestige qui paroisse pour aller du dit village (*Chaunac*) à la chapelle a la veue de laquelle le dit Jarrige nous a requis aussy acte de ce qu'elle est scituée sur le bort du fossé du dit chasteau, lequel fossé paroist estre du cousté du chasteau de la haulteur d'environ deux piques, et du cousté de la chapelle de neuf a dix pieds. Comme aussy de ce que au frontispice de la dite chapelle, y a une cloche que le dit sieur Teyssier a fait fondre puys deux ou troys ans en ça, a laquelle sont empraintes les armoiryes, en la figure d'un agneau pascal, dans un cheuvron, deux fleurs aux deux costés, et au dessus troys estoiles dont apres que nostre dit greffier, de nostre commandement est monté à la dite cloche et rapporté les armoiryes estre telles ; nous avons concedé acte et après avoir fait ouvrir la dite chapelle... .... qui est de la longueur de unze pas, et la largeur de cinq, mesurés par nostre dit greffier, de ce que il y a un autel de pierre de tailhe noyre, il y a la figure d'un ecce homo, de pierre, avec aultres personnages, qu'il a dit le sieur de Chaunac, y avoyr faict porter, au dessus de ce un image de nostre Dame, en bosse dans une niche, et autres tableaux et ornements de la dite chapelle par luy procurés, ensemble de ce que au dessus de la dite niche et au devant du dit autel, il y a une croix jaulne, les coings vuidés noircys, avec pareilhes armes et écussons du feu sieur de Chaunac, père du dit sieur Teyssier, et des demoiselles ses femmes, ensemble la litre et ceinture funèbre tant au dedans que dehors avec pareils écussons, et a soubstenu le dit Jarrige, qu'il y a plus de trente ans que le dit feu sieur de Chaunac faict faire une cloche en la dite chapelle pareilhe a celle qui est de présant avec armoiryes du dit feu sieur de Chaunac, laquelle ayant été rompue auroict esté refaite par le dit sieur Teyssier scavoir est puys deux ou troys ans, comme aussy qu'en l'année mil six cent vingt six, la dite chapelle estant ruynée presque sans couverture, et a tel poinct qu'on n'y pouvoit dire messe qu'avec péril le dit feu sieur de Chaunac la fait rebastyr, et hausser les murailhes d'environ une brasse de chaque costé, boyser, couvrir et blanchir icelle en l'estat que nous la voyons, sommant le dit Montheil cy présent de luy contester les dits faits ; . . . . dont et tout ce que dessus avons concedé acte au dit sieur de Chaunac et dressé nostre présent procès verbailhs, pour servir que de raison, ainsi signé, Teyssier, de Jarrige procureur du dit sieur de Chaunac, et Monteilh avec Jasse de Pomerye, lieutenant assesseur,

De Melon, greffier.

Voyons maintenant en quel état se trouvait cette chapelle environ un demi-siècle plus tard.

La pièce suivante qui nous est communiquée par M. G. Clément-Simon va nous le dire :

✝

Monseigneur l'Evêque et Vicomte de Tulle

Monseigneur,

Jean-Joseph Teyssier, avocat en parlement vous remontre très humblem[t] qu'il y a depuis plusieurs siècles une ancienne chapelle bâtie sur les fosses d'un ancien château qu'il y avait au bas du village de Chaunac, par[e] de Naves, sous le titre et invoca[on] de s[t] George dans laquelle le chapelain a célébré ou fait dire annuellem[t] de Deux Dimanches l'un la sainte Messe. Et le défunt s[r] de Chaunac vivant père du supp[t] connoissant combien il etoit necessaire aux habitans des lieux circonvoisins qu'il y eut une messe dans lad. chapelle de Chaunac tous les Dimanches et fêtes, soit parce que Iceluy village de Chaunac est éloigné d'une lieue et demie dud. lieu de Naves, soit encore parce qu'il est situé sur les confins des paroisses de Chameyrac, Favars, St Meyxans, St Julien et St Pierre de cette ville et que sans les messes qu'on celebre dans lad. chapelle, il y auroit une infinité de gens qui ne l'entendroit pas la plus grande partie de l'année. Iceluy feu Sr de Chaunac en augmenta[on] des Messes fondées dans lad. chapelle la dotta de vingt livres de Rente annuelle et perpetuelle a lui düe et crée a prix D'argent sur des moulins a papier du voisinage pour y celebrer des Messes au pro rata de lad. Rente ce qui a été exécuté depuis fort ponctuellement.

Mais comme lad. chapelle se trouve depuis long temps par son ancienneté et astheure plus que jamais dans une Ruine imminente, que la cloche d'icelle est dans des risques visibles chaque jour de tomber et que d'ailleurs lad. chapelle bastie a l'extremité dud[t] village vers le midy et pour la commodité origineraim[t] des habitans lors en iceluy chateau se trouve située dans un lieu éloigné non seulem[t] de la maison que led[t] supp[t] a maintenant aud[t] village, mais meme de la demeure ordinaire de tous les autres habitans, que pour y abborder il

faut passer par des chemins asses difficiles et remplis de
boües ordinairem^t et qu'enfin dans cet endroit Desert et eloigné
des autres demeures, on ne scauroit y laisser aucun orne-
mens sans les exposer a etre volés, iceluy supp^t est obligé de
vous requerir, Monseigneur, qu'a ces causes il plaise à vos
graces lui permettre de transferer la chapelle à ses couts et
depens et sous les soumissions de la faire plus grande et
embellir davantage dans tel autre lieu du village que vous
trouveres a propos, ou en tout cas pour le voir ainsi ordonner
vouloir vous transporter sur les lieux pour y marquer et desi-
gner celui de lad. chapelle, ou a ces memes fins vouloir
Deputer ou commettre tel Ecclesiastique que vous aviseres
pour en dresser son procez-verbal et sur yceluy etre pourveu
ainsi que vous aviseres. Et le supp^t continuera ses vœux et
prières à Dieu pour la prospérité et santé de votre grandeur.

Signez : Teyssier, Supp^t et Menager, proend.

Aux fins de la pnte Req^te Nous avons commis Me Pierre
Maillard notre grand vicaire pour se transporter au lieu de
Chaunac pour faire procez verbal de l'Etat de la chapelle dud.
Chaunac et de la necessité ou commodité qu'il y a de la batir
a un autre endroit pour ce fait y Etre pourvu par notre grand
vicaire en notre absence ainsi qu'il appartiendra, donné en
notre palais Epál le 5e avril 1687. Signé Humbert, Ev. et par
commandement de Monseigneur R Abens.

En vertu de ce mandat, M. Maillard, vicaire
général de l'évêché de Tulle, se rendit à Chaunac
et fit le rapport très détaillé qui suit :

Aujourdhuy 29 8bre 1687 Nous Pierre Maillard, archidiacre
de la cathédrale de Limoges, vicaire gnal de Monseign^r L'illus-
trissime et Reverendissime Eveque et Vicomte de Tulle en
execution de la commission dud. seigr Eveque du 5e avril
dr et de Notre ord^e du 25e de ce mois donnée sur le requisi-
toire de M^e jean Teyssier s^r du Mazel avocat en la cour etant
parti sur les huit heures du matin de Tulle nous serions trans-
portés accompagués de M^e jean melon prevôt de Chaunac

curé de St Julien de Tulle et promoteur du Diocéze et du commis du greffier dans le village de Chaunac par° de Naves et dans la maison dud s^r Du Mazel, dans laquelle ayant resté pendant quelque temps, nous serions ensuite allé au lieu ou est située la chapelle appellée de Chaunac pour faire procez verbal de l'Etat d'icelle conformement a notre ord° et nous y Estant rendus, nous aurions trouvé quelle était située en dessous des masures et hors du fossé d'un vieux chateau entierement ruiné dans un lieu humide, solitaire et fort sauvage et dans l'Eloignement du milieu dud. village de Chaunac d'environ 1500 pas, nous aurions remarqué que lad. chapelle qui paroit fort ancienne etoit couverte de tuile creux et en certains endro't de paille, que la muraille de lentrée était crevassee et menacoit une prochaine Ruine et particulierement le pignon du coté gauche, que le clocher qui est sur la porte de lad. chapelle menacoit aussy ruine parce que netant couvert que de paille et etant meme decouvert en divers endroits, les pluyes pourrissoient non seulem^t les bois qui le soutiennent, mais encore ceux d'une petite galerie qui est sous led. clocher, de sorte que la cloche qui est assez grande et dun son agreable couroit risque de tomber en terre et de se casser si on y remedioit promptemt apres quoy nous sommes entré dans lad. chapelle que nous avon trouvée ouverte, et apres avoir prié Dieu pendant quelque temps elle nous auroit paru dans un Etat fort indecent pour y celebrer la S^{te} messe etant depourvüe de tous les ornements necessaires, sur quoy quelques habitans dud village de Chaunac qui nous auroit suivis nous auroient dit qu'on ne pouvoit y en laisser tant en cause de lhumidité qui les pourrissoit entierement que par la crainte qu'on avait qu'il fussent derobes a cause de l'Eloignemt des maisons dud village. Nous aurions ensuite fait notre procez verbal de l'Etat du lieu de lad.chapelle comme sensuit : Lautel qui paroit etre de pierre mal poly n'étoit couvert d'aucune nappe et il y avoit seulemt un devant d'autel d'un vieux Damas rouge tout fletri dont a peine on pouvoit distinguer la couleur, il ny avoit ny crucifix ny chandeliers sur led. autel, les deux gradins etoient couverts de vieux images de papier tous dechires et eflaces et sur le second il y avoit d'un coté un St George patron de lad. chapelle en bosse monté sur un che-

val avec la lance a la main et de l'autre un dragon quil sembloit vouloir percer ce qui nous aparu plus capable d'exciter de
la risée que de la dévotion ; hors dud. autel du coté de l'Evangile il y avoit un tableau de la Ste Vierge peint à l'huile, asses
vieux et un peu dechiré, et du coté de l'Epitre un vieux Ecce
homo en pierre en relief, dans la muraille qui est derriere
l'autel il y avoit un enfoncement ou niche dans laquelle il y
avoit une Image de la Ste Vierge en bosse assez propre et
revestie d'une robe de tafetas rayé et au dessus de la niche
il y avoit un crucifix de papier tout dechiré il y avoit quatre
petites ouvertures ou fenetres dans les murailles a coté, trois
du coté de l'Epitre et une du coté de l'Evangile chacune de la
largeur de sept poulces ou environ sans qu'il y eut aucun
chassis ny vitre pour empecher le vent ce qui pourroit causer
des accidens pendant la Messe et incommoder le pretre a
lautel. Le pavé de pierre de lad. chapelle etoit ruiné de
chaque coté de la longueur de deux ou trois brasses, Et les
carreaux qui sont au pied de Lautel, étaient aussy fort gatés
et brises et surtout du coté de l'Evangile et vers le milieu de
Lautel de sorte qu'on ne peut faire les genuflexions qu'avec
peine et sans risque de tomber. Nous avons aussi remarqué
que le lambris auquel il y a une petite lampe d'Etain suspen-
due avoit besoin de reparation vers le bas du coté de la petite
galerie.

Sur quoy nous ayant considéré le mauvais etat de lad chapelle et la necessité qu'il y avoit de la transporter dans un
lieu plus Decent et plus proche du village de Chaunac, apres
en avoir regardé tous les endroits, aurions jugé quelle ne
pouvoit etre mieux placée que dans la cour dud sieur du
Mazel et au bout de sa grange vers le jardin et quelle devoit
etre de la longueur et largeur que nous aurions marqué avec
des piquets, c'est pourquoi apres avoir oui led. promoteur
nous aurions permis aud S^r Du Mazel de Demolir lad chapelle
et de la rebatir dans lendroit cy dessus marqué a ses frais et
depens suivant les offres contenus dans sa Req^te et pour cet
effet nous luy avons permis de transporter tous les materiaux
de l'ancienne chapelle et de s'en servir pour la rebatir et
duement ornée etre pourveu a sa benediction selon procez
verbal qui en sera prealablement fait ainsi qu'il appartiendra

et ensuite oui le promoteur nous aurions ordonné que les
Messes des fondations qui ne pourront etre dites apres la
Demolition de l'ancienne chapelle seron dites les jours De
Dimanche ou de fete dans la nouvelle apres qu'elle aura été
rebatie et benite et ensuite après avoir dresse le p^{nt} procez
verbal nous nous sommes retirés accompagnez comme dessus. Signez

Maillard vicaire general
Melon promoteur.

D'après les documents que nous venons de lire
la chapelle primitive paraît avoir été brûlée, en
même temps que le château, à une époque indé-
terminée : Jean Maure, âgé d'environ 90 ans, en
1643, dit qu'il « a trouvé du charbon et autres pièces bruslées et a ouy dire que ledit chasteau avait été brulé. » Cet incendie serait donc
antérieur à 1543
 Il dit aussi que « le sieur de Chaunac fit
rebastir ladite chapelle » vers 1626 ou 1627.
Une troisième fois, en 1687, elle fut dépla-
cée et réédifiée au lieu où nous la voyons aujourd'hui. Elle était de nouveau en ruine quand
le propriétaire actuel, M. B. Rellier, la fit entièrement restaurer, il y a quelques années.
 Nous sommes donc actuellement en présence
de la quatrième chapelle de Chaunac dont nous
donnons un dessin hors texte.
 Comme le dessin ci-contre nous dispense d'une
description extérieure, pénétrons dans la chapelle.
Voici à gauche, encastré dans le mur, l'*ecce homo*
dont parlent les documents.
 Cette sculpture, fouillée dans une pierre tendre,
un grés, nous semble-t-il, porte des traces de
peinture et quelques petits restes de dorure. Elle
est d'une certaine originalité et mérite l'attention

de l'amateur. Elle est bien conservée ; le sceptre seul, que porte le personnage suivant Jésus-Christ, a été brisé.

Nous remarquons ici que l'artiste est sorti de la tradition, car c'est bien un véritable sceptre qui est tenu en main par le personnage accompagnant Jésus, au lieu du roseau symbolique de l'*ecce homo*, roseau toujours représenté sur les tableaux les plus renommés comme sur ceux de moindre valeur.

Bien que Pierre Maure dise que vers 1620 il a « aydé à porter de Tulle lesdites images en bosse, » ou ledit sieur de Chaunac les avait delivrées », nous croyons que cette pièce a une origine plus ancienne ; ce nous semble être l'œuvre naïve d'un sculpteur du xve siècle. Le lecteur pourra en juger par la photographie hors texte.

Faisant face à la porte d'entrée, et au fond de la chapelle se trouve l'autel ; c'est bien encore celui dont parle l'acte de 1643 : une « pierre de tailhe noyre » que nous reconnaissons pour une remarquable dalle d'amphibolite de deux mètres de longueur et un mètre de largeur.

Nous nous demandions d'où pouvait bien provenir cette dalle, les pierres de cette nature, en aussi grande dimension, étant très rares. Après quelques recherches, nous avons rencontré une poussée d'amphibole à l'est de Chaunac, dans le ravin formé par le ruisseau la Ceronne, entre le Verdier et Chaunac. Il est probable que cette superbe pièce a été extraite dans ces parages.

Au-dessus de l'autel est placé un panneau en bois découpé et sculpté, représentant les armoiries accouplées des Teyssier et des Lauthonie, ces dernières telles que nous les avons données en reproduction de la pierre qui était placée au-dessus de la porte principale de l'ancien château.

Ces armoiries, en bois doré, sont d'un beau travail et datent probablement de la même époque que les précédentes, c'est-à-dire du xviiie siècle.

A droite, contre le mur, est placée « l'image de la Sainte Vierge en bosse ». C'est une vierge en bois tenant l'Enfant Jésus entre ses bras ; travail rudimentaire qui ne perdait rien à être « revestie d'une robe de tafetas rayé », comme le dit le document de 1687. On a remplacé cette robe par plusieurs couches de couleurs criardes qui réjouissent l'œil de nos paysans, mais qui n'ont rien d'harmonieux.

Le saint Georges qui, suivant M. le Vicaire général de 1687, paraissait « plus capable d'exciter de la risée que de la dévotion », n'est plus dans la chapelle ; mais, grâce à l'amabilité de M. Baptiste Relier, nous avons pu le découvrir, relégué dans un coin des combles de la maison d'habitation. Il est dans un bien triste état : les jambes, la tête et les bras brisés. Nous avons cependant pu le reconstituer en grande partie et l'étudier avec attention.

Cette sculpture, moins grotesque que nous ne l'aurions supposé, d'après ce qu'en avait écrit M. Maillard, nous paraît très intéressante. Elle nous donne la mesure de ce que faisaient nos artistes tullois vers 1600, à l'époque qui a précédé celle où Tulle possédait les sculpteurs connus et appréciés qu'on nommait les Duhamel, les Mouret, etc.

Cette statue équestre mesure plus d'un mètre de hauteur, elle est en bois et a conservé une bonne partie des couleurs et dorures qui la recouvraient. Le cheval est richement harnaché, le saint revêtu d'une armure complète : cuissards, brassards et cuirasse, la tête couverte d'un armet du xvie siècle, visière relevée et mentonnière abaissée. Il est bien regrettable que le bouclier et la lance aient disparu avec les parties des bras

qui les tenaient. Les pieds et le bas des jambes du saint n'ont pu être retrouvés, mais toute mutilée qu'elle soit, cette statue mérite d'être conservée. C'est un petit monument historique, et nous sommes heureux de pouvoir en donner un dessin d'après nature. Ses proportions, qui sont une caractéristique du xvi siècle, ont été scrupuleusement observées.

Voici encore, dans cette chapelle, une peinture sur toile, représentant un saint, lié à un poteau et percé de flèches ; en face de lui, un pèlerin appuyé sur son bâton, et auprès duquel se trouvent deux anges qui, relevant la tunique du saint, montrent sa jambe nue où se voient deux blessures. Ce tableau est ancien assurément, mais de peu de valeur au point de vue artistique, et nous n'en aurions pas parlé s'il ne portait au bas les armoiries des deux familles Teyssier de Chaunac et Lauthonnye de Lagarde dont voici une fidèle reproduction.

Placées comme ci-dessus, au bas du tableau, celle des Teyssier à gauche et celle des Lauthonnye à droite, nous remarquons que l'une et l'autre sont surmontées de l'ancienne couronne de baron.

Un panneau en bois sculpté, provenant de la vieille chapelle, a été conservé et encadré ; c'est une sculpture très ordinaire, n'ayant que son antiquité comme valeur. Il représente saint Jean à genoux, auprès de l'agneau symbolique. Le bois est recouvert d'une très épaisse croute de peinture et de quelques restes d'ancienne dorure.

Avant de terminer l'historique de la chapelle disons que les cérémonies du culte n'y sont plus régulières ; c'est seulement par intervalles, (à l'occassion d'une fête ou commémoration quelconque), que le vicaire de Naves va célébrer la messe à Chaunac. La cérémonie est toujours annoncée aux habitants d'alentour par la cloche de la chapelle.

Et puisque nous parlons de cloches, notons que celle qui existe actuellement date de 1808. Elle fut fondue avec le bronze de l'ancienne qui était fêlée et pesait, en 1640, « douze vingt livres » [1], selon l'acte de 1643, que nous avons précédemment cité.

La cloche actuelle pèse 63 kilogrammes. Le fondeur de 1808 fut payé de son travail de moulage et fonte par la différence de poids du bronze entre l'ancienne et la nouvelle cloche.

Voici l'inscription que porte, en relief, cette dernière :

IAI ÉTÉ BENITE SOUS LE NOM DE St GEORGE PAR M. L'ABBÉ DE LA

SALVANIE EX CHANOINE ▪ CHAPELIN ▪ PARRAIN M^r ▪ I ▪ I BARON DE

LAUTHONYE ANCIEN CAPITAINE DE CAVALERIE CH^{er} DE St LOUIS

MARRAINE M^d MARIE ELISABETE DE LAUTHONYE NÉE DE BOUCHIAT

IAY ETE CRÉEE AUX FRAIS DE M^r LE CH^{er} DE LAUTHONYE ANCIEN

CAPITAINE DE DRAGONS CH^{er} DE St LOUIS ET PAR M^d SON ÉPOUSE

MARIE-ANNE DE L'ILLUSTRE MAISON DE MONTAGNIAC CHAUVANET

AN 1808

---

[1] Soit 117 k. 500 puisque l'ancienne livre de 1600 valait 0,489 grammes.

Du côté opposé à l'inscription se trouvait, en relief, les armoiries des Lauthonye :

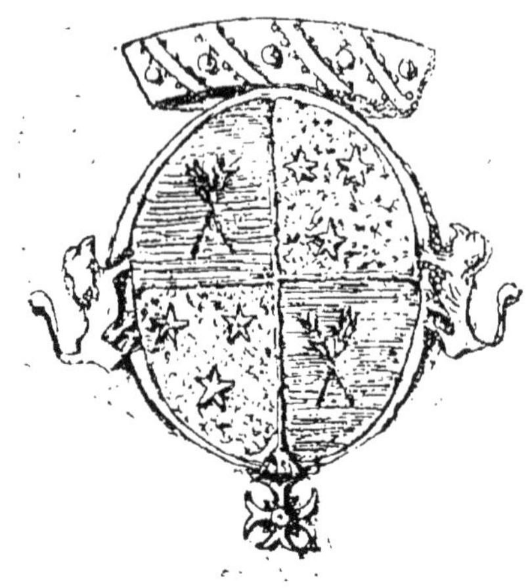

LE PRIEURÉ — LES VICAIRES

Dès son origine, le prieuré de Chaunac relevait de l'abbaye de Tulle et était encore annexé à la Chambrerie et à la Cellererie de Tulle en 1787, mais les desservants de la Chapellenie ou Vicairie étaient toujours présentés à la nomination du prévôt de Naves, par le seigneur de Chaunac qui était patron de la Vicairie.

Voici une liste des titulaires que nous avons pu retrouver dans les divers actes :

1746. — *Jean de Quercu* (du Chêne), chanoine de la cathédrale de Tulle qui cède la charge à autre *Jean de Quercu*, son neveu, clerc de Tulle, dit aussi *Peyrafort*, d'après un acte dont voici le résumé [1] :

Du 15 janvier 1446.

Devant l'official de Tulle. P. C^os Jean du Chêne, prêtre,

---

[1] Pièce originale sur parchemin des archives de M. Clément-Simon.

vicaire de la chapelle du lieu de Chaunac qui dit et explique à Gilbert de Chamborand prévôt commend[ro] de Naves. — Led. du Chêne est titu aire de la chapellerie de Chaunac, de petite valeur et sur lad. chapelle est tenu envers led. prévôt de certains arrérages de cire qu'il le prie de vouloir bien lui abandonner. Celui-ci en raison des nombreux services que lui a rendus led. vicaire fait cet abandon.

Jean du Chêne voulant résiner lad. vicairie, prie le prévôt de la conférer à son neveu Jean du Chêne dit de Peyrafort, clerc de Tulle. — Ce qui est fait. Et le nouveau titulaire est mis en possession.

Et comme le prévôt a droit chaque année, le jour de la fête de St-Georges, à 15 livres de cire sur les vœux et oblations de lad. chapelle le nouveau titulaire les lui reconnaît expressément...

10 mars 1590. — *Jean Meynard*, chanoine de Tulle fut vicaire de Chaunac jusqu'en 1600.

20 août 1601. — *Léonard Levet*, prêtre de Tulle, lui-même remplacé en 1602 par *Antoine Levet*, prieur de La Chapelle-Spinasse et chanoine de Tulle.

Décembre 1632. — *Jean Levet* qui figure jusqu'en 1643.

En 1644. — Il fut remplacé par *Pierre d'Arlac* originaire d'une vieille famille de Tulle. Ce d'Arlac eût de nombreux différents avec les seigneurs de Chaunac au sujet des droits et prérogatives de la vicairie de Saint-Georges, ainsi qu'en font foi quantité de pièces judiciaires desquelles nous extrayons certains passages qui nous paraissent intéressant pour l'histoire de notre chapellenie :

A Tulle le vingtième du moys d'avril 1644 par devant de Beronnye, maire royal...... maistre Pierre d'Arluc, prêtre et vicaire de la vicairie Saint-Georges de Chaunac. Lequel a dit et déclaré que de certaine ordonnance donnée le treizième du présent moys..... à la requête de maistre Jean Teyssier, advocat, soy disant patron de la dite vicairie...... il est appellant de l'appel en la cour de parlement comme nulle, précipiter donner par surprise. sur des faits faux et supposés.....

Quatre ans plus tard en 1648 « Jean Teyssier, sieur de Chonac » demande que le sieur d'Arluc ait à faire le service de la chapelle de Chaunac et employer les revenus désignés dans une transaction en reparation de ladite chapelle. — Ces revenus étant « de 46 livres par an à dater du dernier avril 1644 ».

Une pièce assez curieuse à citer est celle-ci :

A Monsieur le Seneschal,

Supplie humblement Jean Teyssier, disant que maistre d'Arluc, vicaire de Chaunac, la dernière audiance fist plaider d'apparat maistre François Ceaulx, son avocat, avec beaucoup d'invectives contre le suppliant, son patron et bienfaiteur, jusques à luy impropérer qu'il s'estoit servy d'un prix destiné au public pour ses affaires particulières s'estoit saisi et emparé des biens de la dite vicairie, sans que despuis il ait fait mettre son corrigé au greffe, s'estimant satisfait d'avoir fait déguiser contre le dit suppléant et d'en estre quitte pour cella ; ce considéré et que les dites choses qui se disent en 'audience se doivent escrire, il vous plaize de vos graces ordonner que le dit d'Arluc fera mettre au greffe les plaides de son dit advocat, tant de la dernière audiance que de la précédente, au vray pour s'en servir pour le dit suppliant, en temps et lieux, ainsin qu'il verra estre à faire, et ferez bien.
Le 2 mars 1648.

TEYSSIER, JARRIGE, DUBOYS, greffier.

Enfin en septembre 1665, après plus de vingt et une années de procès, une sentence définitive du sénéchal condamna d'Arluc à s'acquitter de ses obligations. Il résigna alors ses fonctions de vicaire de Chaunac et fut remplacé, en 1666, par *Jean de Latour* arrière-neveu du célèbre Bertrand de Latour, grand prévôt et historien de l'église de Tulle.

A Jean de Latour succéda « le vingt-deuxième jour d'avril de l'année 1682, » *Jean-Joseph Teyssier, seigneur de Chaunac,* qui était encore vicaire de cette chapellenie en 1711.

Le reçu suivant nous fait connaître un *Leyx* prêtre de Tulle qui signe vicaire de Chaunac, en 1754 :

Je déclare avoir reçu de marie bouliat la retribution de vingt une messe que je promets de dire incessamment a son intention et decharge a Tulle le dixième may mille sept cent cinquante quatre.

LEYX, prêtre vicaire de Chaunac (1).

En 1758, Jean-Baptiste Teyssier, prêtre communaliste de l'église Saint-Julien de Tulle, succéda au vicaire Leyx.

Voici l'acte de prise de possession qui nous éclaire sur la façon de procéder pour la collation de ce bénéfice et titre de chapelain de Chaunac (2) :

Aujourd'hui vingt-cinq^{me} novembre mil sept cens cinquante neuf environ les dix heures du matin, dans la chapelle du chateau de Chaun t, paroisse de Naves, près Tulle, par devant le notaire royal apostolique du diocèse de Tulle, soussigné, presents les témoins bas nommés a été présent M. Me Jean Baptiste Teyssier pretre comuna iste de l'église St-Julien de Tulle y demeurant, lequel en concéquance de la présentation et nomination faite de sa personne à la chapellerie ou vicairie de St George de Chaunac par dame Marie Aymée de Teyssier de Chaunac, da e de haunac de Meyriniac Poissy et autres lieux épouse de Messire Jean Charles de Lauthonie chevalier Baron de Lauthonie seigneur de Lagarde et autres lieux, patronne de lad chapelerie. en datte du vingt^e du courant reçue par le notaire royal apostolique soussigné et de la collation de monseigneur l'évesque de Tulle en datte du vingt deux du courant signée franciscus episcopus tutellensis et plus bas par Bassée Secretarius ; Iceluy sieur Teyssier a été mis en la possession reelle actuelle et corporelle de lad. chapelerie, proffits, revenus et émolumens, et autres droits en dépendans par l'entrée dans lad. chapelle aspersion d'eau bénitte adoration du St-Sacrement, Baisement de l'autel de lad. chapelle et autres formalités en tel cas requises Icelles chapelerie vacante par le décès de feu Me Blaise Leyx dernier paisible possesseur d'icelle. Laquelle prise de possession ayant été publiée à haute voix par nous notaire soussigné en présence de plusieurs

---

(1) Pièce de nos archives.
(2) Archives de la Corrèze, E, 704, pièce 283.

habitants des villages sircum voisins dud. chateau de Chaunat, personne ne s'y est apposé dont acte fait en présence d'Estienne Laval labʳ du village du Verdier paroisse de St-Mexan, Blaise Estrade aussi laboureur du village de Peyrelevade parroisse de Naves, Francou Vaché et Jean Massoulié, laboureur, habitans dud. lieu de Chaunat parˢᵉ de Naves temoins qui ont signé avec les sʳ Teyssier et nous sauf desd. Vaché et Massoulié qui ont déclaré ne savoir signer de ce par nous interpellés.

> Teyssier, chapelin de Chaunac ;
>
> Floucaud, s° notaire royal et apostolique.

Contˡᵉ a tulle le 26 novèmbre 1759.

Reçu six livres. Deffournie.

Insinué et controllé au huitième registre des insinuations Ecclésiastiques du diocèze de Tulle a tulle le 1ᵉʳ décembre 1759. Reçu trois livres.

> Fortier.

Nous trouvons ensuite comme chapelain de Chaunac, en 1803, M. *Gabriel Lagier* [1] qui était en même temps vicaire de Naves.

Enfin nous terminerons cette liste par le nom de l'abbé de La Salvanie que nous avons vu inscrit sur la cloche de la chapelle même et qui, croyons nous, fut le dernier chapelain de Saint-Georges de Chaunac, en 1808.

---

(1) Arch. de la Corrèze, L. 585. Lettre de Lauthonie.

LA FONTAINE SAINT-GEORGES

ET SA LÉGENDE

Entre le village de Chaunac et l'ancien château, que les habitants du pays désignent sous le nom de *Lou Chastelard*, se trouve une fontaine à dévotion et à guérison, sous le même vocable que la chapelle de Saint-Georges, patron secondaire de l'église de Naves dont dépend Chaunac.

Les vœux et oblations dont parle l'acte de 1466, que nous venons de résumer, doivent être corrélatifs du culte de la source sacrée et de la chapelle.

Cette fontaine, qui naguère encore était une belle construction en pierres de taille est aujourd'hui abandonnée et en ruines, par suite de la captation supérieure des eaux qui l'alimentaient.

La tradition populaire nous raconte que saint Georges traversant le Bas-Limousin, après avoir gravi le côteau qui part de la Ceronne pour atteindre Chaunac, s'arrêta à la fontaine du domaine de La Place pour abreuver son cheval. Une vieille femme souffrante, qui se trouvait là, voyant la bonne mine du chevalier, lui offrit l'eau de son seau pour son cheval, et *so couado*[1] pour le désaltérer lui même.

Le saint, touché de cette attention, pour remercier la bonne femme, trempa le bout de ses doigts dans l'eau de la fontaine et faisant le signe de la croix lui dit :

« Tous ceux qui viendront en prière à cette source et boiront de cette eau, seront soulagés de leurs souffrances, et de leurs maux, comme l'eau que vous venez de me donner vient d'appaiser ma soif.... » et le chevalier disparut au galop de son cheval.

La vieille femme qui avait *las feure*[2] fit une courte prière et, buvant à la source, se sentit toute ragaillardie et s'en fut raconter le miracle à toutes les commères du village.

Depuis cette époque, bien éloignée sans doute, se propagea, la vertu de l'eau de la fontaine de saint Georges.

Cette légende semble avoir pour fondement la propagande faite en France vers le vi^e siècle, par saint Germain, évêque de Paris en faveur du culte de Saint Georges et l'extension qui lui fut

---

(1) *Couado*. — Sorte d'écuelle en bois dont on se sert en Bas-Limousin pour prendre l'eau dans les seaux. Cette *couade* est munie d'une longue queue aussi en bois et de la même pièce. Elle est percée dans toute sa longueur, afin de laisser s'écouler l'eau à volonté, cette queue se nomme en patois *lou pissorol de lo couado*.

(2) *Las Feure*. — Signifie la fièvre quarte, fréquente en Bas Limousin encore au siècle dernier.

donnée par les chevaliers du Temple qui le prirent pour patron.

Saint Georges, né en Cappadoce, général à 18 ans, subit le martyr sous l'empereur Diocletien, à l'âge de 20 ans ; — il est certain qu'il ne vint jamais en Limousin, mais en présence de l'empressement que mirent toutes les nations à l'honorer pieusement, il n'y a rien d'extraordinaire que notre Bas-Limousin ait, lui aussi, voulu avoir *son chevalier*.

Vers la fin du siècle dernier, encore chaque année, le 23 avril, une procession, où se rendaient les habitants de la commune de Naves et autres, partait de la fontaine miraculeuse, suivait les traces des anciens fossés du *Chastelard*, et se rendait à la nouvelle chapelle où était célébrée une messe. — L'église était remplie par les fidèles de marque : les seigneurs de Chaunac et ceux des environs. Le peuple fervent priait agenouillé sur la pelouse qui précédait la demeure du châtelain. Cette coutume a disparu et avec elle la croyance que l'eau de la fontaine avait le pouvoir de guérir *las feure et las naujas* [1].

Nous avons voulu nous renseigner à ce sujet et avons acquis la conviction que notre Corrèze, tout en conservant la mémoire de quelques vieilles légendes, ne reste pas stationnaire. — Les habitants de nos campagnes sont moins naïfs, moins arriérés que certains auteurs ont essayé de le faire croire, et s'ils vous racontent encore les histoires de leurs fontaines, s'ils vous disent qu'autrefois

---

(1) *Naujas*, maladies diverses ou infirmités des enfants. Elles ne sont pas exactement définies quand à leur nature et prennent le nom de certains endroits connus, telles *las naujas de Treinha — las naujas de Nounar*.

Dans le département du Lot les fontaines sous le vocable de Saint-Georges guérissent les maladies des oreilles.

celle de Saint-Georges de Chaunac avait le pouvoir de guérir les maux de dents, les maux de tête et autres (*las naujas del païs*), ils savent aussi que le remède le plus sûr contre le mal de dents c'est le dentiste, que pour se délivrer des maux de tête, *de las feure,* il y a la quinine et l'antipyrine. C'est d'ailleurs ce que nous disait cette brave vieille *Tounitou* de Chaunac, qui nous guidait à travers nos excursions des environs de la fontaine et du Chastelard : *Nostre munde cresoun pus a re ! N'an pus fe al moural de nostre Sen-George !*[1] et voyant que nous ne comprenions pas le sens de ses paroles, elle nous expliqua qu'autrefois on croyait que saint Georges guérissait les maux de dents et les maux de tête parce que la statue de la chapelle représentait ce saint *and un moural estacha a la cueffa de fer*[2].

LA FORÊT

Les cartes anciennes et les vieux parchemins notent que les environs de Chaunac étaient couverts d'épaisses forêts ; un simple coup d'œil sur la position et sur la configuration topographique éclairerait d'ailleurs le touriste s'il pouvait y avoir doute. Il est donc certain qu'autrefois cette contrée était bien boisée, mais la hâche du bucheron,

---

(1) *Nos gens ne croient plus à rien ! il n'ont plus foi au* MOURAL *de notre Saint-Georges.*

Le *Moural,* mouchoir ou bande quelconque avec lequel on s'enveloppe la figure lorsqu'on a mal aux dents ou une fluxion faciale.

La traduction de *Moural* serait *muselière,* il provient du mot *Mour,* museau, partie de la tête de certains animaux qui comprend la gueule et le nez.

(2) *And un moural estacha à la cueffa de fer :* Avec un moural attaché à la coiffe de fer.

aidée par les incendies d'autrefois, ont éclairci tous ces fourrés ; la charrue a passé ou se gîtaient loups et sangliers. Les terres ensemensées et les belles prairies, même en flancs de coteaux, ont remplacé les arbres de haute futaie et les épais taillis. Il ne reste plus aujourd'hui, aux alentours de Chaunac, que quelques bois de châtaigners, séculaires il est vrai et bien beaux, mais trop souvent encore éclaircis par la cognée du paysan inconscient, toujours en quête d'un maigre profit immédiat. Ils abattent nos belles châtaigneraies ; elles servent à la fabrication des acides pyroligneux. C'est le progrès !

Il reste cependant, tout auprès de Chaunac, une belle et vaste châtaigneraie, celle dite du Mazel. Sa surface actuelle est d'environ vingt hectares, mais elle devait être bien plus importante autrefois, puisqu'un des seigneurs de Chaunac s'adjoignit la qualification de sieur du Mazel, comme nous l'avons vu dans les divers actes déjà donnés au cours de cet historique.

LA VOIE ROMAINE

Les traces de voie romaine, signalées par M. Champeval et divers autres auteurs, faisaient partie, croit-on, de la grande voie romaine qui reliait Lyon et Clermont-Ferrand à Périgueux et Bordeaux, en passant à travers notre Bas-Limousin, par Ussel, La Chaussade, près de Sarran, au-dessous du *Castrum Barrum* (Bar), près du confluent des rivières de la Vimbelle et de la Corrèze et, avec embranchement vers Tulle, remontait à Tintignac, touchait Bach, Le Moussounado ur, Chaunac,

Lestrade et se continuait sur Sainte-Féréole et Brive.

Les nombreuses traces retrouvées démontrent sûrement qu'elle a été la ligne suivie par les légions romaines à travers notre Bas-Limousin, mais nous ne nous attarderons pas à cette question que nous avons d'ailleurs étudiée dans notre travail sur les *Ruines romaines de Tintignac* [1].

LE TUMULUS

En ce qui concerne le tumulus, situé tout auprès du *Vieux Chastelard*, nous répéterons ici ce que nous en avons dit dans notre *Monographie de la commune de Naves* :

A une altitude de 360 mètres environ, et à 40 mètres au-dessus du ruisseau de la Ceronne, s'élève un monticule ; centre d'une sorte de cirque, formé, au nord, par les hauts sommets de Guillemy et Laval (465 mètres), à l'ouest, par ceux du Chastagner et du Puy du Grille (447 mètres), au sud, par le Mas et les Cabanes de la Tremouille (471 mètres), enfin, à l'est par Hautefage, Le Verdier et Seigne (421 mètres). C'est au sommet de ce monticule central que s'élève *le tumulus.*

Sa forme est ovoïde, les parties les plus allongées se dirigent du nord au sud. A une hauteur d'environ six mètres cinquante centimètres au-dessus du sol, se trouve la plate-forme qui a une surface de dix mètres sur treize mètres. Les talus s'inclinent de 45 à 50 degrés.

---

(1) *Etude sur les Ruines Gallo-Romaines de Tintignac.* Tulle, imp. Crauffon, 1905.

En voici un dessin :

Ce lieu de sépultures gallo-romaines n'a jamais
été exploré. Il est facile de s'en convaincre par
l'état dans lequel il se trouve : Sa plate-forme couverte de pins, avec un beau châtaigner au centre,
est absolument plane, ses talus bien réguliers ne
montrent aucune trace de fouilles, le sol environ-
nant n'a pas de dépôts, voilà ce qui atteste qu'aucune main n'a encore profané ce tombeau. Mais
pourquoi n'a-t-on encore pas fouillé ce monument ? Ce serait probablement, une source pré-
cieuse de renseignements pour l'histoire de notre
contrée. Il serait à souhaiter que les Sociétés
savantes limousines intervinssent auprès des propriétaires pour obtenir l'autorisation de faire des
fouilles et, à peu de frais, on pourrait se rendre
compte exactement de la valeur historique de cette
antique sépulture.

Si les gallo-romains avaient leur *tumulus* à
Chaunac, il n'en fut pas de même de ceux qui leur
succédèrent. Au moyen âge, les seigneurs du lieu

étaient inhumés un peu partout. Dans l'église de Naves, dans une chapelle de la paroisse de Saint-Julien de Tulle, dans la chapelle du Puy-Saint-Clair de ce même endroit, mais nous n'avons trouvé aucune trace de lieu d'inhumations publiques. à Chaunac. Seuls, les registres de la paroisse de Naves nous apprennent qu'autrefois, à l'époque ou cette paroisse avait trois lieux de sépulture dans le bourg, le *cimetière-haut* où se trouvait la chapelle de Saint-Roch (le cimetière actuel) était spécialement affecté « à l'ensevelissement des corps de la section de Chaunac et à celui des étrangers à la paroisse. »

Comme autrefois, Chaunac est privé de cimetière et malgré la distance qui existe entre ce lieu et Naves, les corps sont inhumés au chef-lieu de la commune. Depuis quelques années le transport se fait au moyen d'un char mortuaire.

LA SEIGNEURIE

Malgré bien des recherches, nous doutions de pouvoir retrouver exactement quels étaient les biens composant l'ancienne seigneurie de Chaunac, et aussi quels étaient les droits de ces seigneurs, lorsque M. le comte Lavaur de Sainte-Fortunade a bien voulu nous communiquer un document de ses archives particulières. C'est une sorte de chartrier écrit, croyons-nous, en 1629, par Jean Teyssier, seigneur de Chaunac, avocat au Parlement de Bordeaux, fils de Jean Teyssier de Chaunac, trésorier général en la généralité de Limoges, et de Marguerite du Verdier de Ginouilhac.

Nous extrayons de ce volumineux registre ce qui touche à la seigneurie de Chaunac, tout en priant

M. le comte Lavaur de Sainte-Fortunade de vouloir bien agréer nos remerciements pour son intéressante communication.

Afin de faciliter la lecture des extraits que nous allons emprunter à ces documents, nous citerons par ordre chronologique, les titres qui y sont énumérés. Nous ferons ensuite un résumé des diverses possessions, afin de reconstituer l'ensemble de la seigneurie, et nous donnerons enfin un aperçu des droits et prérogatives dont jouissaient les seigneurs de Chaunac sur leurs terres.

L'auteur du manuscrit dit en première ligne que :

Des vieux tiltres de céans résulte que Chaunat estoit une chastellenie de laquelle dépendoint les villaiges de la Coste (1), du Verdier (2), de Laval (3), et aultres aulcun titres l'appellent bourg, d'aultres parroisse ; les ruynes du chasteau dicelluy, demoly par les anglois, dont les fosses sont encore de la hauteur d'une pique et demy font voir ce que c'estoit.

Vient ensuite l'énumération des titres :

1º Il y a un tiltre du penultième aoust 1415, receu par Petre Serra, par lequel noble Eymar de Chaunac, conseigneur de Chaunac, fils à Ponce, conseigneur dudit Chaunac, arrente, à Jean de Marty, le pré de las clausas.

2º Par aultre tiltre, du 8º janvier 1418, Eymar de Chaunac fils à aultre Eymar vend audit de Marty 6 cestiers seigle et un de froment qui luy estoint deus de reute. Receu par P. de Bourrelono. Promet faire ratifier à ses frères et sœurs.

3º Par aultre tiltre du 22 octobre 1420, Raymond de Chaunac, tant de son chef que comme procureur d'Eymar de Chaunac son frère, auquel promet faire ratifier, faict quelque autre arrentement.

4º Par aultre, du 4 novembre 1425, receu par P. Serra, et produit au greffe de la commission des hommaiges par le sieur de Laval, et collationné par de Porchier, commis du greffier, Eymar de Chaunac seigneur de Chaunac, vend à Jean

---

(1) *Lacoste*, village de la commune de St-Mexent, près du ruisseau le Cironcle.

(2) *Le Verdier*, autre village du nord de la même commune près des sources de la Ceronne.

(3) *Laval*, encore un village de la même commune qui possède un ancien château.

de la Fagerdie le villaige de Laval Greulière (1) et Las Costas avec fondalité, directité et justice relevant du sieur de Tulle, promet faire ratifier à Raymond de Chaunac, son frère, en tant que le touche. La ratification est au pied, du 17 dudit mois, sans préjudice du contenu en autre contract fait entre lesdits frères, par lequel ledit Eymar doit audit Raymond 15 livres de rente annuelle. Ledit Raymond qualifié diacre par ledit tiltre.

En marge se trouve la note suivante :

Il y a un contract du 2 septembre 1435 pour lequel quelques acquéreurs de la moytié du villaige de la Coste supplient ledit Eymar de Chaunac et Jean Fagerdie les en investir. Receu par Solyte.

5º Par contract du 4 septembre 1441, receu par Steph. de Prato, ledit Eymar seigneur de la chastelenie de Chaunac, eschange ladite chastelenie de Chaunac, en toute justice, fondalité et directité, cens, rentes, dixmes et profferants et autres choses à luy deues sur ladite chastelenie, tant en la parroisse de Naves que de Chantey et St-Meixens, avec Jean de Sourris qui luy baille en contre eschange les villages de la *Chassolonia* et de *Salvagnat*. Avec supplication au sieur de Tulle, duquel ledit Eymar tenoit la dite chastelenie en hommaige.

6º Hommaige faict par le sieur de Lavaur au sieur de Tulle de ce qu'il avait à Chaunac.

Nommée baillée par ledit sieur de Lavaur en suite dudit hommaige.

Cette charte, qui est datée du 25 avril 1508, porte que « Jean de Sourris, sieur de Lavaur, conseigneur de Chaunac « faict hommaige dudit Chaunac à genoux, teste descouverte, le baudrier osté et tenant les mains pliées sur les saints Evangiles, à Clément seigneur évesque de Tulle et promet luy bailler sa nommée dans quarante jours. »

Ce contrat fut reçu par Jean Coustery, prêtre et notaire royal.

Quelques jours plus tard, le 29 mai 1508, ledit Jean de Sourris fils d'autre Jean, en exécution du susdit contract, donne sa nommée au sieur Sébastien Saige, prêtre, curé de Bassignac et vicaire général du sieur évesque. En voici un extrait :

La moytié par demy du chasteau et chastelenie de Chaunac,

---

(1) Laval-Grillière est tout auprès de St-Mexent.

à luy apartenent, et assise du costé du soleil levant et la
moytié des fosses dudit chasteau, moytié des chemins et communautés, confrontant avec l'aultre moytié qui apartient au
sieur de Tulle, et avec la chapelle et avec ses autres confrontations, plus a plaisir les deslaisser avec toute justice, haulte,
moyenn' et basse, mère et mixte, impère, droict et exercice
dicelle, droict de dévestir et investir.

Le Mas Masel, alias *Berengier*, assis en la dite parroisse de
Naves, audit lieu de Chaunac, avec toute justice et fondalité
comme dessus, confronte avec les apartenances du Mas de
Porchet, et avec les apartenances du Mas de Mathou.

Le *Mas du Porchet* et *Daux Négrès*, assis audit lieu de Chaunac, en ladite parroisse de Naves, joignant l'un avec l'autre,
avec toute justice haulte, moyenne et fondalité comme dessus ;
confrontant avec les terres et possessions du Mas de La Borie et
avec les terres et possessions du Mas de Saunières, le ruisseau
de Ceron entre deux.

Le bois El Seignour, assis comme dessus, avec toute justice
et fondalité, comme dessus

L'Ort de Chaunac et la terre doux saletz, comme dessus.

Le pré Sombre, assis comme dessus, en toute justice et
fondalité, comme dessus.

Une vigne, assise comme dessus, en toute justice et fondalité,
comme dessus.

*Les Fourches patibulaires et Justices à trois piliers de
Chaunac*, assises sur la montaigne appelée de Fraemort, et en
la parroisse de Saint-Meixens, audit sieur de Lavaur aparte-
nants, à cause de la moytié de ladite *chastelenie ou seigneurie*
de Chaunac, confrontant avec les apartenances des villaiges
de la Coste et du Porchet, avec tout exercice.

Laquelle nommée est acceptée par ledit Saigne au dit nom,
en tant que faisait pour ledit seigneur Evesque et non aultre-
ment.

En marge se trouve la mention que cette
nommée a été « baillée par le sieur de Lavaur, de
ce qu'il tenoit noblement audit Chaunac » dans un
procès pendant entre eux en la cour de Parlement
de Bordeaux en 1584. — Nous reverrons ce point
plus loin.

Après cette époque, et suivant l'arrêt intervenu
en 1584, le sieur de Lavaur fit une nouvelle déclaration énonçant en détail les divers tènements de
sa co-seigneurie de Chaunac.

Voici ce que nous y trouvons :

Que oultre le domaine qu'il a audit Chaunac et tènements

qui en dépendent, il est seigneur de la moytié du chasteau, fossés, chemins et communautés.

D'un bois nommé *l'Ort del Theil* contenant six seterées, vendu à M. Léonard Meynard « sous le pacte de rachapt. »

De la *Montagne de Fraemort* par entier.

Tènement du Masel, confrontant avec les appartenances, du bourg de Chaunac, de la Coste et des Brotz, à cause duquel luy est du de rente, mesure de Tulle (voir tableau ci-après lettre A).

Des *Villages del Porchet et Daux Négres*, comme dessus, sur lequel il est dû de rente (B .

Du bois, *Del Seignour*, confrontant avec terre de Roby Mathou et avec les « communailles » de Chaunac, avec la rente (C).

Plus d'un *Hort del Seignour*. de rente (D .

D'un pré, nommé *Pré sombre del Seignour*, confrontant avec le Bois Favars, avec une « lende fleurant du ruysseau Ceronclet, aux près du village de Chaunac, soubz la rente » ,E).

D'une vigne, à présent convertie en terre, confrontant avec le pré del Seignour, avec une terre nommée del Bos de la Barrière, de rente ,F .

D'une terre, située audit Chaunac, confrontant avec une terre nommée de Laval, à la terre de la Combe, Charreyrou et terre Daux Pendaux, soubz. la rente (G .

D'autre terre, située audit villaige, conf ontant avec Le Peuch del Sol et avec une terre nom ée de la Barrière, soubz la rente (H).

De la terre, daus Saletz, confrontant avec terre del Chastaing et Chaunac, del Cheyron, avec pré de la Combe el Négré, del Chastaing et avec une terre de la Combe el Négré sous le cens de I).

Du bois, *d'El Montyé*, audit villaige, confrontant avec pré, nommé el Barrieyrol, un chemin entre deux, sous le cens de (J .

De deux hortz situés audit Chaunac, confrontant avec le fossé dudit lieu, avec une terre de sieur Evesque de Tulle et hort Daux Nègrés. L'autre hort confronte au jardrin duquel on va de l'Escure dudit sieur de Chaunac, au pré del Barrieyrol avec une terre Daux Nègrés soubz la rente de (K).

Du bois, *d'el Plantadich* et pré, nommé *Desclausas*, situé audit Chaunac, soubz le cens de (L).

De la terre El Seignour, contenant une ceterée confrontant au chemin tendant dudit lieu à la chapelle, avec la Charrieyre orbe, soubz le cens de (M).

De la gra ge, bois et codert de la Plasse, jardrins ou h ortz et terres, nommés *de Senière*, tènement de la *Vigne morte*, consistant en bois et en terres, aussy de terres, pré et *bois Barrière*, le tout joignant ensemble et par entier, confrontant avec les apartenances desdits villaiges de Freyssinges, Peyssac, Moulin del Pesat, Peyrelevade et ruysseau de Ceron, et sont possédés par frères Jean, Thène Mathou, aussy Petit Rode, Jean et Thène Mathou soubz le cens de (N).

Et à cause de la permission du passaige et cours de l'eau de Ceron, avec une *terre de Valadour*, de rente (O).

TABLEAU DES RENTES DUES AU SIEUR DE LAVAUR

se rapportant aux lettres ci dessus mises entre deux parenthèses

	cestier seigle	cestier froment	avoine	argent	gelines	journées
A	10	1	1	7 s.	1	1
B	14	»	6	26 s.	2	2
C	»	1	»	4 d.	1	»
D	»	1	»	12 d.	1	»
E	»	1	»	»	»	»
F	»	3 e	»	»	2	»
G	»	3 e	»	»	2	»
H	»	1 e	»	»	2	»
I	3	»	»	»	2	»
J	»	1 c.	»	»	»	»
K	»	»	»	»	»	»
L	»	»	»	6 s.	»	»
M	»	»	»	»	»	»
N	»	3 c.	»	»	2	»
O	»	»	»	»	»	»
	27	3 c. 3 e	7 c.	40 s. 4 d.	16	3

E devait en plus 3 quintaux de foin. — K une eymine de pois et N un setier de pois.

Une copie de ce dénombrement existait autrefois au château de Chaunac, elle était signée par Boix, huissier au Parlement de Bordeaux, et « par laquelle encore le sieur de Lavaur soutient les dixmes de tous les susdits biens dont il est seigneur luy apartenir. »

Pour faire suite à cette nommée, ou dénombrement, nous avons recherché quelles étaient les rentes payées aux autres co-seigneurs ; voici ce que nous trouvons, suivant des relevés, faits en 1583, qui nous sont fournis par le manuscrit de Jean Teyssier.

L'évêque de Tulle recevait 4 setiers, 1 eymine 3 quartes et 4 coupes de froment. — 12 setiers 1 eym. 3 coupes 1[2 de seigle. — 10 setiers, 1 eym. 2 quartes 1[2 d'avoine. — 6 poules 1[2 et 42 sous 6 deniers d'argent.

Le sieur de Geneste recevait 1 setier de seigle, 2 journaux et un denier d'argent.

Le sieur lieutenant des Esleus recevait 1 setier et 1 quarte de froment, 1 quarte et 1 picotin de seigle et 2 poules.

Le sieur de Favars recevait 2 coupes de seigle, et 1 ras d'avoine.

Le sieur de La Coste recevait 3 quartes de froment.

Enfin le sieur Teyssier 3 eymines de froment, 1 setier et 3 eymines de seigle, une 1[2 poule et 1 sou 8 deniers d'argent.

Si à cela nous ajoutons les rentes que nous venons d'énumérer appartenant au sieur de Lavaur, nous verrons que la seigneurie entière de Chaunac donnait une rente de 12 setiers 3 quartes 5 coupes de froment. — 45 setiers 3 quartes 1[2 et 6 coupes 1[2 de seigle. — 16 setiers 3 quartes 1[2 et 7 coupes d'avoine. — 29 poules. — 4 livres 5 sous et 1 denier d'argent. — 5 journaux. — 5 quintaux 1[2 de foin et 1 setier 1[2 de pois.

Voyons quel pouvait être le produit des dîmes : Nous savons que par contrats du 30 avril 1544, Jean Dubal, procureur d'office, afferme à Jean Teyssier toutes les dîmes de Chaunac, appartenant à l'évêque de Tulle, moyennant la somme de 27 livres 10 sous par an. Ce même marché fut renouvellé en février 1546, en 1551 et en 1556, toujours aux mêmes conditions.

Si nous nous basons sur la valeur de la rente payée aux divers co-seigneurs de Chaunac nous pouvons en déduire que proportionnellement la dîme payée à l'évêque, représentait environ 31 pour cent de moins que la totalité payée par la seigneurie entière. Le total de la dîme, pour tous les co-seigneurs, était donc d'environ 36 livres.

À la suite du dénombrement des biens du sieur

de Lavaur, Jean Teyssier donne, comme suit, la nomenclature des acquisitions faites par son aïeul des rentes du sieur de Lavaur audit Chaunac.

Acquisitions faictes par mon ayeul des rentes du sieur de Lavaur audit Chaunac.

Desquels sieur de Lavaur mes prédécesseurs ont acquis ce qu'il avoint audit Chaunac scavoir : Mon ayeul, par contract du 19 mars 1551, de Bonaventure de Lavaur et Jeanne Chastarde, sa mère, veufve de feu Denis de Lavaur, 10 cestiers seigle sur les rentes qu'ils avoint au dit Chaunac.

Par aultre du 9 juin 1552, des mesmes sur les mesmes, trois cestiers seigle en fondalité.

Par aultre, du premier mars 1553, des mesmes, 11 cestiers blé seigle.

Par aultre du 2 septembre 1556, des mesmes par les mesmes 70 cestiers froument et 6 cestiers avoyne, argent trente solz le tout en fondalité et receu par Sodeilles.

Par aultre, du 24 octobre 1558, receu par Sodeilles, dudit Bonaventure, sur son domaine audit Chaunac, en fonda ité 26 cestiers seigle.

Acquisitions faictes par mon oncle François Teyssier de rente au villaige de Chaunac en justice et fondalité dudit sieur de Lavaur.

Par au tre, du 4 avril 1563, François Teyssier, mon oncle acquiert dudit Bonaventure, sur ledit villaige de Chaunac, en fondalité, directité et toute justice, seigle quatre cestiers, 1 eymine, 1 quarte 1 peçotin. Froment 3 eymines moings deux pecotins. Avoyne deux cestiers et deux ras et toute autre rente a luy deue sur le dit villaige de Chaunac. Ledit contract receu par Dubail que le sieur de Lavaur a desclaré lesdites rentes luy avoir esté payées de tout temps scavoir par :

Jean Porchet dit Broch, avoyne, 2 ras ; seigle, 1 cestier ; froment, 0.

Léonard Porchet. avoyne, 1 cestier ; seigle, 1 cestier ; froment, 0.

Léonardou Mathou dit Pyroye, gendre de la Jouanon, avoyne, 1 cestier ; seigle, 3 eymines ; froment, 0.

Jean Mathou, avoyne, 0 ; seigle 1 cestier ; froment, 1 eym.

Anth. Mirat, de Mathou, avoyne, 0 ; seigle, 0 ; froment, 1 eymine moins un pecotin.

François Mathou dit Peyrissou, avoyne, 0 ; seigle, 0 ; froment, 1 eymine moins 1 pecotin.

François de Mathou, avoyne, 0 ; seigle, 1 pecotin ; froment, 1 eymine

Marie, femme à M. Est. Guillot, à cause d'un pré appelé le pré Pignot, avoyne, 0 ; seigle, 1 quarte ; froment, 0.

Acquisition faicte par feu mon père du sieur de Lavaur de tout ce qu'il avait audit Chaunac.

Et par contract du 26 novembre 1597, feu mon père acquit

de Mercure de Lavaur, fils dudit Bonaventure, faisant tant pour soy que pour Catherine de Sainte-Fortunade, sa mère, le domaine qu'il avait audit villaige, tous l s cens et rentes, justice et fondalité dudit villaige de Chaunac et tènement de Fraemort et les dixmes inféodées qu'il a accoustumé de lever audit Chaunac. Receu par Dubail.

Nous venons de voir que la première acquisition faite à Chaunac par les Teyssier remontait à l'année 1551. Le domaine en entier se trouvant en leurs mains en 1597, il s'était donc écoulé 46 ans seulement pour que Chaunac passa des Lavaur aux Teyssier. Mais ces diverses mutations de propriétés ne furent pas sans soulever plus tard de nombreux procès. En dehors de la communication qu'à bien voulu nous faire M. le comte de Lavaur de Sainte-Fortunade, nous possédons dans nos archives des documents qui relatent les nombreuses réclamations qui furent adressées aux Teyssier. Ils obtinrent gain de cause quelque fois, notamment en 1633 ; ils ont été condamnés en d'autres circonstances, enfin ils transigent sou-vent, comme nous allons le voir.

Après la mort de Mercure de Lavaur, son frère Jean, qui fut son héritier, assigna Teyssier devant le Parlement de Bordeaux et, en 1626, l'évêque de Tulle l'assigne aussi pour l'obliger à faire montre des titres en vertu desquels il jouissait de la sei-gneurie de Chaunac.

Ici l'auteur du manuscrit dit : « Il n'y eut présen-tement ny rien, et les trois ans de péremption passeront tost. »

Il écrivait donc cela en 1629.

Plus loin il ajoute :

« Oultre les susdits droictz que j'ay en ladite seigneurie de Chaunac, comme estant au lieu du sieur de Lavaur, je suis encore seigneur du tène-ment de Peyrac… et de la moytié du tènement de la Fon de Laval, que j'ay acquis puis le premier avril dernier, 1629, du sieur de La Coste. »

Or, nous savons, par ce même document, qu'il y a un titre du 15 may 1295 disant que « par devant Guy de Fontanges prieur de Chaunac, Jean Faulbert et Geralde, sa sœur, habitans du village de Chaunac, vendent à Jean Peyrac un pré sis près le ruisseau de Ceron, avec le bois et pré de Pierre Pourchet de Chaunac, et avec la fassion dudit Peyrac des autres deux costés ». Ce tènement de Peyrac faisait donc bien partie de la seigneurie de Chaunac, et s'il pouvait y avoir des doutes ils seraient levés par un acte du 3 juillet 1365 qui nous apprend qu'aux « assises générales tenues par le sénéchal du Lymosin, Rodolphe de Peyrac se plaint contre le seigneur évesque de Tulle de ce qu'il auroit faict mettre ses fourches patibulaires en une vigne dudit Peyrac contre sa volonté. Il requiert qu'elles soient ostées ». L'Evêque de Tulle soutient en être seigneur justicier, mais il lui est ordonné de mettre les choses en l'état primitif et fait défense de laisser ses fourches patibulaires au lieu où il les a élevées.

Un autre titre de 1485 nous dit à peu près exactement où se trouvait ce tènement de Peyrac, en voici un résumé : Odet de Peyrac fils et héritier d'Hector de Peyrac obtient des lettres royaux adressés au sénéchal de Brive et d'Uzerche par lesquels il est mandé que « s'il luy aperd que luy Odet ou son père ayent jouy d'un pré *confrontant avec pré de Miot des Broctz et avec l'eau de Ceron* par dix ans consécutifs ou plus et que puis trois moys ils en aye esté espolié par ledit Broctz, ils aye a le reintegrer.

« Ledit Broctz appelé dit qu'il luy apartient un pré en la parroisse de Naves appellé de la Planche, qui avoit esté de Jean Maure de Chaunac ; *confrontant avec le pré de Peyrac*, avec autre pré dudit Brochz, de Puy Martz et ruisseau de Ceron, lequel pré il auroit affermé audit Hector et que ledit Hector n'en a jamais jouy qu'à tiltre de louage et partant ledit très mal obtenus. »

Un autre titre, du 14 novembre 1522, expose, par devant Duchamp, juge de Tulle, que l'une des filles de Peyrac s'est mariée et que ses droits, suivant l'estimation qui en avait été faite par des arbitres, s'élevaient à six cent livres et dans cette estimation se trouve compris un « pré Broussial, bois, terre et colombier joignans ensemble avec la fondalité et directité situés au territoire de Peyrac parroisse de Naves, confrontant avec le pré des hoirs dudit feu Miot des Brotz, avec un puy commun de ceux de Chaunac et avec l'eau de Ceron, avec lesdites servitudes des eaux de Ceron et de l'eau qui se rend de Chaunac vers ledit pré pour l'arroser, franc et immune de tout passaige et autre servitude. »

L'acte se termine par la déclaration suivante :

Et après que les tuteurs et aultres parent ont déclairé estre le bien desdits mineurs, que lesdits biens fussent vendus, et qu'il ne s'est présenté aultre qui ayt surenchery à Jean Teyssier, lesdits tuteurs luy ont vendu lesdites pièces pour 1240 livres. ›

En ce qui concerne le tènement de la Fon de Laval, voici ce que nous avons pu recueillir :

Le 2 avril 1446, noble Guillaume de Boussac, sieur Dublanges vend à Jean de la Fagerdie, l'ainé entre autres choses, le Mas de Laval « sis en la parroisse de Chaunac près de Tulle, confrontant avec le Puy l'évesque, terre de Gerault del Cloux, ruysseau de Ceronclet, terre du seigneur de Chaunac et avec le ruisseau de Ceron, en toute justice, fondalité et directité ; avec la rente annuelle, mesure de Tulle, portable en son grenier. « de froment 4 cestiers ; argent 2 livres d'or du pois de 3 d. »

Le 24 mai 1583, Arnauld Fagerdie, tuteur de

Jean Fagerdie, sieur de la Coste, donne procuration pour déclarer qu'il lui est dû en sa qualité de co-seigneur du tènement de Laval, près Chaunac, « en justice fondalité et directité chasque an de rente mesure de Tulle, portable en sa maison de Tulle : froment 2 cestiers ; argent 2 livres d'or et pareille rente « estre deue sur ledit tènement à Bertrand Fagerdie, suivant le partaige faict entre les prédécesseurs desdits Fagerdie. »

Ce contrat fut reçu par Le Comte, notaire royal

Les tenanciers de Chaunac avaient d'ailleurs déjà reconnu et déclaré « avoir accoustumé payer au sieur Fagerdie, co-seigneurs de Chaunac, tous les ans scavoir :

« Est. Maure, fils à Jean, et Jean Mathou, fils à Peyre, desquels nous avons a présent le bien, qui avoit depuis apartenu a Peyre de Mathou et Jean de la Guillaume dit Taurisson : froment une quarte.

» Leonard Chastaing, dit Lou Négré, froment 1 quarte.

» Pierre Pourchet, dit Brocquet, froment, 1 quarte. »

Le 26 juin 1624 le sieur Fagerdie rend hommage au roi pour la moitié du tènement de Laval qu'il détient « en toute justice fondalité et directité soubz la moytié de la rente. » Cet acte sur parchemin est signé par Bussières, procureur du roi ; de Fenis, lieutenant général et commissaire suppléant, et « par le commandement de Monsieur le Commissaire », enfin par de Jarrige, greffier commis.

En avril 1629, il y eut un contrat d'échange qui permit à Teyssier d'acquérir du sieur Fagerdie cette moitié du tènement de Laval.

Graduellement les Teyssier devenaient acquéreurs de la majeure partie du village de Chaunac. L'évê-

que de Tulle était cependant toujours co-seigneur,
mais le 20 septembre 1570, M. Flotard de Gourdon
de Genouilhac de Vailhac, évèque et vicomte de Tulle,
en conséquence d'une bulle qui lui fut accordée par
le pape Pie V, et en vertu de l'autorisation accordée
par les lettres patentes de sa Majesté Charles IX,
roi de France, « vend entre autre chose à Bertrand Fagerdie, bourgeois de Tulle, sur les tenanciers de Chaunac et moulin del Defoix, parroisse
de Naves, confrontant avec les villages de La Coste,
du Pouget, des Brotz, de la Chassaigne et de
Peyssac, toutz les droits et devoirs qu'il y a en
toute justice, fondalité et directité, mesme la rente
à mesure de Tulle de : Froment, 20 cestiers. —
Seigle, 30 cestiers. — Avoyne, 20 cestiers. —
Argent, 5 sols. — Gelines, 12. — « Le tout pour
le prix et somme de 1178 livres que ledit Fagerdie, par ledit contract estoit tenu porter en la ville
de Rion » ...

Afin de se faire reconnaître en sa nouvelle qualité de co-seigneur de Chaunac, en remplacement
de l'évèque de Tulle, le sieur Fagerdie se rendit au
bourg de Chaunac le 8 décembre 1571. Il était
accompagné de son juge, de son procureur et de
son greffier et « ayant assemblé sept habitans, dont
les trois sont qualifiés métayers par l'acte sur ce
faict et les autres pauvres enfants mineurs non
pourveus de curateur, procureur ny conseil, sur
la declaration qu'il leur faict faire, comme ils
scavent que ledit Fagerdie a acquis la susdite
justice et rentes que le sieur Evesque avoit accoustumé de prendre sur ledit village, il est ordonné
qu'ils bailleront par declaration les heritaiges qu'ils
tiennent du sieur La Fagerdie, recognoistront et
autrement luy payeront les cens et rentes dans
quinzaine, dans laquelle le procureur feroit apeller
les autres tenanciers si bon luy sembloit. »

Pour résumer ce qui précède et reconstituer, autant que nous pourrons le faire, la seigneurie de Chaunac, nous dirons que par suite d'un procès qui durait depuis 1571, le 2 mai 1582 la cour de Bordeaux ordonna que « les apartenans, les contenanciers et conseigneurs bailleroint leurs tenues et cotités desquels ils sont seigneurs . »

Voici les déclarations qui furent faites :

« Le sieur Teyssier déclare qu'il a son domaine du Masel « franc et quitte de toute rente. »

» Le tènement en entier del Plantadich situé audit village de Chaunac consistant en prés, bois, terres et pasturaux, confrontant avec les terres de la Chalin et de Valadour, chemin qui va dudit Chaunac à la Coste, soubz la rente de argent, 12 denier.

» Il est deu à Teyssier sur les moulins del Defoix oultre le droit de faire moultre ses grains sans rien payer, de rente : Seigle, 3 eymines, argent 2 deniers et sur les tenanciers du villaige de Chaunac de rente foncière et directe mesure de Tulle : seigle 19 cestiers, froment 10 cestiers, avoyne 6 cestiers 1 eymine et argent 33 sols.

« Qu'il est seigneur du tènement de Peyrac situé audit village, consistant en prés, bois, terres, broussial, et un pigeonnier confrontant avec puy dudit Chaunac, l'eau de Ceron et pré de Brotz.

« Le sieur de La Coste déclare qu'il lui est dû pour sa moitié sur le tènement de Laval, près Chaunac, confrontant avec le puy l'Evesque, terre de Geraud Del Claux, un petit ruisseau appelé le Ceronclet, terres du seigneur de Chaunac et ruisseau de Ceron, en justice, fondalité et directité, mesure de Tulle : froment 2 setiers, argent 1 livre.

« Le sieur Fagerdie déclare que la rente par lui acquise du sieur évêque de Tulle « sur le mas ou bourg de Chaunac, confrontant avec les ruysseaux

de Ceron et Ceronclet, mas de La Coste, del Pouget
et de Peyrelevade avec tout droict de justice, fondalité et directité soubz le cens à bonne mesure de
Tulle : froment 10 cestiers, seigle 30 cestiers,
avoyne 20 cestiers, argent 15 solz, gelines 12.
Les grains payables audit Chaunac en moyssons,
l'argent et poules à la Noel ».

A la fin de cette dernière déclaration il est dit
que dans cette reconnaissance ne sont pas com-
prise « les factions du moulin de Peyrat, del
Redon et del Defoix, ny le chasteau, plasse et
fosses. »

Les tenanciers payaient donc à leurs divers seigneurs pour rente ou cens, dismes non comprises :
froment 21 setiers, seigle 50 setiers 1 eymine,
avoine 26 setiers 1 eymine, argent 3 livres 9 sols
2 deniers.

Voici donc établie la possession de la seigneurie
de Chaunac à la fin du XVIe siècle.

Trois co-seigneurs se partageaient les droits et
prérogatives :

1° Les Teyssier succédant aux Lavaur ;

2° Les La Coste pour une branche des Fagerdie;

3° Enfin, l'enquêteur La Fagerdie qui succédait
à l'Evêque de Tulle.

Mais les nombreux procès qui duraient depuis
plus d'un siècle étaient loin d'être finis. Les documents que nous avons sous les yeux nous condui-
raient bien loin et le lecteur se fatiguerait des trop
nombreuses citations. Cependant il nous est indis-
pensable de citer un acte des plus importants ; une
transaction intervenue eu 1597 entre le sieur de
Lavaur et J. Teyssier, contrat portant la date du
26 novembre 1597, et reçu par Dubail.

Mercure de Lavaur, tant de son chef que pour la damoiselle
sa mère, laquelle promet de ratiffier, et ledit sieur Teyssier,
transigent pour raison de tous les susdits differentz et narra-
tives faictes ce ce dessus est dit... que pour toutes préten-

tions du sieur Teyssier contre ladite damoiselle luy appartiendront tous les cens, rentes, droicts et devoirs deus et accoustumés estre perceus par le dit sieur de Lavaur et ses prédécesseurs ensemble tout droit et dixmes accoustumés estre levés par ledit sieur en ladite qualité seulement, et tous aut es droictz et devoirs a luy deubz sur ledit villaige de Chaunac et tènements dependants d icelluy apartenances et dependances avec la justice, fondalité et directité comme aussy la justice et fondalité et autre, droits *noms, raisons et aetions deus audiet sieur de Lavaur* sur le tènement de Fraemort situé eu apartenances de la parroisse St-Meixent, lequel ʳ haunac aparte dances d'icelluy et tènement de Fraemort confrontent avec les apartenances des villaiges de La Borie, Leymonie, Barry, Freyssinges, Peyssat, Peyrelevade et Pouget.

Comme aussy demeureroit audit sieur Teyssier tout le domaine apartenant audit sieur de Lavaur audit Chaunac en toute justice, fondalité et directité sans s'y rien réserver.

Ici vient une énumération de chacune des parcelles composant les divers domaines cédés par les de Lavaur aux Teyssier, elle se termine par la mention ci-après :

Finalement sa part de communautés, tout droict de pacte, de rachapt, plus valeurs, droict de retenir les héritages vendus par le feu sieur de Lavaur père, audit villaige et généralement tout ce qui luy appartient audit villaige sans y faire aulcune reservation .. Ainsy pour obvier à procès promet le dit sieur de Lavaur faire jouir ledit sieur Teyssier des dixmes en la qualité que luy et ses prédecesseurs l'ont jouy sans aultre garantie et le restant avec garantie.

Ce qui ne mil pourtant pas fin aux procès ; mais nous ne les suivrons pas dans leurs nombreuses discussions de possessions.

Nous mentionnerons seulement les noms des tenanciers, ce document étant trop long pour le citer en entier :

Thène Mathou fils à feu Peyrichon, c'est à présent Peyre dit Thène, notre métayer.

Jacques Regnaud, c'est à présent à M. le lieutenant général.

Maudy, dit Petit Rode, gendre d'Est. Mathou dit Mirat, c'est à présent Francillon Mirat.

Anth. Maure, c est à présent Jean de Thouy, métayer du cousin Teyssier de Seigne.

Jean Chastaing, c'estoint feu Bonnet et Capitany qui ont partaigé. -- A présent François Bonnet et Nigadal de la cotité, duquel Nigadal, Fransonnel Maure tient une partie que le dit Capitany bailla à Pierre Maure son père, fils de Thomassou et gendre dudit Capitany, en payement de la dot qu'il avait portée en sa maison.

Est. Maure fils à Jean, et Jean Mathou fils, nous tenons leurs biens qui nous ont estés adjugés sur Pierre Maure fils dudit Est. et sur ledit Jean dit de la Guillaume et Taurisson.

Léonard Chastaing dit lou Négre, c'est à présent Jean del Négré notre métayer.

Le sieur lieutenant Des Esleus comme sieur de La Fon de Laval.

Le sieur de La Coste comme sieur par moytié du tènement de la Fon de Laval.

Le sieur de Geneste.

François Mathou ; — c'est le Blanc duquel nous tenons les biens.

Jean Chaunac, dit Plumet, ou Berthon Maure son gendre, nous tenons à présent leurs biens.

Leonardou del Deffoix, c'est à présent Pierre et Jeanp ch Broch meusnier petit fils comme je crois dudit Leonardou qui tiennent les dits biens.

François Maure fils à Leonard.

Pierre Davignac, c'est l'auteur de Jean de Monclaux et de Verdieyron qui tiennent les biens par moytié

Pierre Pourchet, dit Brouquet, nous tenons une partie du bien, il faut l'esgaliser.

Le sieur de La Coste pour la Fon de Laval.

Leonard Chastaing, dit Montaigné, c'est à présent Lenoard Bassalern.

La Michelle, c'est à présent Pierre Maure et Jean Petit Bourguet son gendre, nos métayers du Masel.

Maître Martin Brunot prebtre.

Pierre Laudry Chabanes Peyssac ou Mario de Francillon tiennent ses biens.

Mazaleyrac dit Patrau dinier tiennent ses biens.

Quelques autres des titres sont encore à citer : Sous le n° 26 un acte, en date du 20 mai 1481, par lequel Jean de Martin paye les droits de franc-fief au roi pour ce qu'il avait acquis à Chaunac du sieur de Lavaur. Cet acte sur parchemin est signé.

L'auteur du manuscrit ajoute :

Le 1er mars 1605, le feu sieur de Chaunac, mon père paya 10 livres pour lesdits droictz de francs-fiefs pour ce qu'il tenoit noblement audit Chaunac et tènement suyvante et suivant la declaration baillée par devant les commissaires.

Il dit aussi que sa mère en qualité d'héritière de son mari paya encore 10 livres pour les mêmes droits de franc-fief, le 26 mars 1629. Il mentionne aussi qu'il possède quelques procédures « faictes par devant le juge de Chaunac qui servent pour la possession de la justice. Encore plusieurs actes authentiques faicts par devant monseigneur de Tulle et par devant le sieur lieutenant Des Claux où ils ont toujours qualifié mon père de sieur de Chaunac. »

On voit ici que devenu possesseur de la majeure partie de la seigneurie de Chaunac, le sieur Teyssier voulait en porter non seulement le nom, mais aussi le titre. Aussi l'article 30 de son manuscrit porte-t-il : « Le 4 août 1636 intervint arrest en la dite cour (Bordeaux) entre ladite damoiselle et Henry Fagerdie son fils, et moy par lequel je suis réintégré à me qualifier sieur de Chaunac et aux droicts de seigneur... Depuis et le 27 février 1648, j'ay transigé avec ledit sieur lieutenant Des Claux et il m'a vendu tout ce qu'il avait à Chaunac. — Reçu par Lamore, notaire royal. »

A partir de ce jour les descendants de Jean-Pignot Teyssier, bourgeois de Tulle, devinrent légalement les Teyssier de Chaunac.

Mais si les procès qui leur étaient intentés depuis de longues années au sujet de leur seigneurie étaient terminés sur un point, ils se poursuivaient sur bien d'autres. Les déclarations ou nommés qui précèdent furent contestées, leur exactitude n'en étant pas démontrée, comme le prouvent les chiffres du tableau de détail des rentes que nous avons précédemment donné. L'auteur du manuscrit que nous consultons était bien convaincu de leur inexactitude puisqu'il protestait par un long mémoire qui s'y trouve, mais que nous regrettons de ne pouvoir reproduire en raison de sa longueur. D'autre part, nous savons que nombre de tènements importants appartenant à la seigneurie de Chaunac ne figurent pas dans les déclarations, « nommées ou montre » qui sont présentées aux divers procès, avec juste raison d'ailleurs, puisque ces tènements n'étaient pas en cause dans les contestations dont il était question.

Pour compléter cette reconstitution de la seigneurie, nous aurions voulu donner le détail des dimes prélevées sur son ensemble, mais les documents nous font défaut. La seule chose que nous ayons pu .découvrir, à ce sujet, est un contrat daté du 4 septembre 1441, passé entre Eymar de Chaunac et le sieur de Lavaur, par lequel Eymar de Chaunac donne en échange, entre autres choses, « les Dimes et profferantz à luy deus sur la. chastelenie de Chaunac », mais ce contrat n'énumère pas ces dimes.

La première spécification que nous en trouvions est un contrat d'afferme en date du « dernier d'avril 1554, reçu et signé par de Sodeilles, et par lequel Jean Dubal, procureur d'office, afferme à Jean Teyssier les dimes appartenant à l'évêque de Tulle sur le village et appartenances de Chaunac « pour trois années, pour le prix et somme de chascune XXVII livres X sols. »

Nous n'avons pu savoir ce qui était payé aux autres co-seigneurs.

Voyons ensuite quelles étaient les prérogatives connues des seigneurs de Chaunac, en dehors des cens et rentes déjà énoncées :

Les tenanciers du mas Masel devaient la taille aux quatre cas savoir : « Pour le voyage oultre mer, pour le mariage des filles, pour la rançon estant prisonnier et pour *nova militia*, et pour chascun d'iceulx 5 sols et de faire aussy le guet en la maison de Lavaur. »

Les rentes étaient portables au lieu de Lavaur paroisse d'Espagnac.

Les habitants des mas ou fasions del Porchet et Daux Négrès, sis au lieu de Chaunac, joignant ensemble et confrontant avec les terres du mas de La Borie, paroisse de St-Mexant devaient en plus des cens et rentes « faire le guet au chasteau de Lavaur à toutes occasions ou payer pour icelluy X sols chasque année à l'option dudit seigneur.

» De plus se recognoissent taillables aux quatre cas jusqu'à la somme de III livres pour chascun, scavoir pour nouvelle chenaillerie, pour marier les filles ou mettre en religion, pour le voyage oultre mer et pour le rachapter de prison. Oultre lesquels cas en recognoissent autres deux l'un quand la femme dudit sieur accouchera pour lequel promettent un bon mouton avec sa laine, et l'autre toutes et quantes fois que le dit sieur demeurera à la guerre pour le service du roy l'espace de deux mois pour lequel promettent XXV. »

Ce contrat fut reçu au château de Lavaur, paroisse d'Espagnac, le 24 novembre 1514, par Calmino de Crure, notaire royal du lieu de Laguenne.

LA COLLECTE FISCALE

ENCLAVE DE NAVES

Le « rolle fait par Jean-Baptiste Meynard, seigneur de Combret, commissaire nommé par Monseigneur l'intendant de la généralité de Limoges pour l'année 1786 », nous dit que cette collecte de Chaunac était enclave de Naves et dépendait de l'élection de Tulle.

Elle était très importante, puisqu'elle ne comprenait pas moins de quinze villages qui, de nos jours, représentent une population d'environ 720 habitants.

---

(1) La Vialle appartenait alors au territoire de Naves et ce n'es qu'en 1825 qu'il fut compris dans celui de Tulle (voir notre .)onM graphie de la commune de Naves, chapitre IX, 1er voluome

En 1786, le principal de la taille de cette enclave s'élevait à 975 livres, non compris les exemptés.

Les droits de collecte étaient portés à 6 deniers par livre.

Le nombre des imposés était de 191, répartis comme suit :

Chaunac 33 ; La Vialle 10 1 ; Peyrelevade 17 ; Lestrade 14 ; Serre 4 ; Les Horts 11 ; La Borie 10 ; Le Mas 3 ; La Peroussie 10 ; Bassaler 8 ; Bach 8 ; Ceron 24 ; Bouysse 9 ; La Geneste 7 ; Faugères 23.

Nous venons de dire que le chiffre de 975 livres, montant de ce rôle, ne comprenait pas les exemptés. — On sait que les nobles et les ecclésiastiques ne payaient pas la taille ; il nous parait intéressant cependant d'indiquer ici quels étaient les chiffres du revenu fiscal qu'aurait pu produire cet impôt, s'il avait été appliqué à ces deux catégories de la population. Nous en trouvons le relevé à la fin du rôle de la même année 1786 :

EXEMPTS

CHAPITRE PREMIER

Nobles et Ecclésiastiques

Mlle de Chaunat jouit à sa main de 177 setérées 1 perche. Estimation 168 l. 5 s.

Ladite Mademoiselle possède le domaine exploité par Jean Vaujour. Estimation 253 l. 12 s.

Ladite Mademoiselle possède le domaine exploité par Pierre Druliole. Estimation 218 l. 12 s.

Ladite Mademoiselle possède le domaine exploité par Jean Verdier. Estimation 193 l. 4 s.

Ladite Mademoiselle possède le moulin et héritage exploité par Jean Laval. Estimation 69 l. 12 s.

Ladite Mademoiselle possède un héritage exploité par Leygonie. Estimation 18 l. 35 s.

Le prêtre vicaire de Chaunat jouit de 4 setérées 31 perches. Estimation 5 l. 4 s.

M. Meynard, écuyer à Tulle, un domaine exploité par Math. Pouget. Estimation 181 l. 6 s.

Ledit sieur un autre domaine exploité par Jean Hospital. Estimation 80 l.

M. Bussière, prêtre à Tulle jouit à sa main de 12 setérées 7 perches. Estimation 32 l. 9 s.

M. de Laprade, écuyer à Tulle, jouit à sa main de 31 setérées 36 perches. Estimation 86 l. 7 s.

Ledit sieur autre domaine exploité par François Soulier. Estimation 164 l. 14 s.

Ledit sieur autre domaine exploité par J. Hospital. Estimation 131 l.

Ledit sieur autre domaine exploité par Jean Bach. Estimation 157 l.

La demoiselle de Laprade un domaine exploité par Leyrat. Estimation 140 l. 1 s.

M. Puyabilier un domaine exploité par J. Maugein. Estimation 85 l. 10 s.

Chaunac, en raison de son importance et surtout de son éloignement de Naves, chef-lieu fiscal dont il dépendait, avait presque un compte détaillé spécial, c'est pourquoi nous avons aujourd'hui la possibilité de résumer des faits qui lui sont propres en matière d'impôts.

Un auteur russe qui est venu compulser nos archives limousines et a publié un ouvrage très documenté, (mathématiquement documenté dirons-nous,) sur l'histoire économique de notre pays, nous fournit bon nombre de chiffres que nous reproduisons ci-après [1]. Mais nous ne saurions assumer la responsabilité de ce travail, ne l'ayant pas fait nous-même. Nous espérons cependant mener à bien une étude analogue que nous faisons spécialement pour le deuxième volume de notre *Monographie de la Commune de Naves.* Nous

---

[1] Loutchisky, *La Propriété rurale en France avant la Révolution, principalement en Limousin.* — Ouvrage publié en langue russe à Kiew en 1900.

aurons là une occasion pour contrôler les chiffres
de M. Loutchisky, dont nous ne contestons d'ailleurs pas l'exactitude.

En commençant cette étude de la propriété dans
l'enclave de Chaunac, voyons quel en était le
morcellement :

Il y avait deux propriétés d'une contenance au-dessous
d'une sétérée ; voici le tableau des autres :

De	1 à 2 setérés :	8 propriétés.
	2 à 5 —	17 —
	5 à 10 —	19 —
	10 à 20 —	22 —
	20 à 30 —	5 —
	30 à 40 —	8 —
	40 à 50 —	8 —
	50 à 60 —	11 —
	60 à 70 —	5 —
	70 à 80 —	3 —
	80 à 90 —	4 —
	90 à 100 —	3 —
	100 à 200 —	11 —
	200 à 300 —	2 —
	300 à 400 —	2 —

Au-dessus de 400 setérées : 1 propriété.

Recherchons qui possédait ces propriétés et
quelles étaient les contenances occupées par les
diverses catégories de propriétaires :
. Il n'y avait dans l'enclave qu'un seul propriétaire
possédant plus de 400 setérées de terrain, c'était
un noble. — Il y en avait deux qui possédaient
entre 300 et 400 setérées, c'étaient deux bourgeois;
encore deux autres bourgeois possédant de 200 à
300 setérées. La catégorie des possesseurs de
100 à 200 setérées est plus variée, elle se compose
de 2 nobles, 1 ecclésiastique, 6 bourgeois, 1 indus-

triel et 1 laboureur. Pour les catégories au-dessous, en voici la répartition :

Possédant :

De 90 à 100 setérées : 3 bourgeois ;

De 80 à 90 setérées : 1 artisan, 1 bourgeois, 2 sans indication de profession ;

De 70 à 80 setérées : 1 industriel, 1 forain, 1 bourgeois ;

De 60 à 70 setérées : 3 laboureurs, 1 industriel, 1 sans indication de profession ;

De 50 à 60 setérées : 5 laboureurs, 2 veuves, 1 ecclésiastique, 3 sans indication de profession ;

De 40 à 50 setérées : 5 laboureurs, 1 mineur, 1 forain, 1 bourgeois ;

De 30 à 40 setérées : 3 laboureurs, 1 journalier, 2 métayers, 1 industriel, 1 sans profession ;

De 20 à 30 setérées : 5 journaliers, 2 métayers, 1 veuve ou mineur 3 forains, 1 ecclésiastique, 2 bourgeois, 1 sans indication de profession ;

De 10 à 20 setérées : 1 laboureur, 8 journaliers, 3 métayers, 1 industriel, 1 forain, 3 bourgeois, 5 sans indication de profession ;

De 5 à 10 setérées : 1 laboureur, 6 journaliers, 2 métayers, 1 industriel, 2 veuves ou mineurs, 6 forains, 1 noble ;

De 2 à 5 setérées : 2 laboureurs, 2 journaliers, 1 métayer, 1 industriel, 2 forains, 2 ecclésiastiques, 3 bourgeois, 4 sans indication de profession ;

De 1 à 2 setérées : 1 industriel, 1 veuve, 5 forains, 1 bourgeois ;

Au-dessous d'une setérée : 1 journalier, 1 sans indication de profession.

Passons ensuite à la classification des propriétaires, par catégorie de profession, et indiquons quelle était la contenance des propriétés pour chacune de ces catégories.

Il y avait 141 contribuables pouvant être classés comme suit :

20 laboureurs possédant 895 setérées 40 perches de terrain.

23 journaliers possédant 318 setérées 8 perches.

11 métayers possédant 234 setérées 32 perches.

1 artisan possédant 80 setérées 22 perches.

8 industriels possédant 337 setérées 45 perches.

7 veuves ou mineurs possédant 193 setérés 6 perches.

18 sans indication de profession possédant 527 setérées 32 perches.

19 forains possédant 265 setérés 21 perches.

Au total 107 habitants imposés possédant 2 853 setérées 6 perches de terrain.

Voilà pour ce qui concerce les travailleurs.

Voyons ensuite le nombre de ceux qui vivent de leurs rentes :

4 nobles, ou notés comme tels, possédant 972 setéres 3 perches.

5 ecclésiastiques, ou notés comme tels, possédant 191 setérées 40 perches.

25 bourgeois, ou notés comme tels, possédant 2.515 setérées 35 perches.

Au total 34 habitants possédant 3.679 setérées 28 perches de terrain.

Et si nous réunissons ces deux catégories nous avons :

107 travailleurs possédant.............	2.853 s	6 p.
34 autres —	3.679 s.	28 p.
141 Total général.................	6.532 s.	34 p.

Les travailleurs possédaient donc 43.7 pour cent de la terre et les nobles et autres 56.3 pour cent.

Voici maintenant comment la propriété était répartie entre les classes agricoles :

Parmi les laboureurs, il y en avait :

5 pour cent qui possédaient 50 arpents et au-dessus de terre ;

60 pour cent qui possédaient de 20 à 50 arpents ;

35 pour cent qui étaient propriétaires de 1 à 20 arpents.

Dans la catégorie des journaliers, nous voyons

55 pour cent possédant de 1 à 20 arpents et 45 pour cent qui ne possédent qu'au dessous d'un arpent.

Nous avons voulu savoir à combien était estimé le revenu de la propriété dans cette enclave de Chaunac ; à cet effet, nous avons fait un relevé du livre de la taille en 1786, en voici le résultat :

Les propriétés taillables étaient estimées à un revenu annuel de .... 12 598 livres 7 sols
Les propriétés non taillables à.... 1.978 — 7 —

Au total.......... 14.576 livres 14 sols

Voici comment était divisée la valeur de ce revenu annuel de la terre :

Il y avait 1 seule propriété dont le revenu annuel fut estimé à moins d'une livre, les autres comme suit :

De	1	à	2	livres	6	propriétés
	2	à	3	—	8	—
	3	à	5	—	13	—
	5	à	8	—	12	—
	8	à	10	—	3	—
	10	à	15	—	12	—
	15	à	20	—	11	—
	20	à	30	—	14	—
	30	à	40	—	13	—
	40	à	50	—	9	—
	50	à	60	—	10	—
	60	à	70	—	10	—
	70	à	80	—	7	—
	80	à	90	—	8	—
	90	à	100	—	2	—
	100	à	120	—	10	—
	120	à	150	—	12	—
	150	à	180	—	8	—

De	180 à 200 livres	10	propriétés
	200 à 220 —	6	—
	220 à 250 —	2	—
	250 à 300 —	2	—
	300 à 350 —	1	—

Il n'est pas fait mention plus d'une forte estimation dans l'enclave, mais il ne faudrait pas en conclure qu'il n'y avait pas de propriétaire dont le domaine ne fut estimé à un revenu annuel supérieur à 350 livres. — Ce même propriétaire avait plusieurs domaines, souvent attenants les uns aux autres, et n'ayant qu'une délimitation un peu fantaisiste, délimitation fixée par le géomètre de 1763, qui s'en rapporta beaucoup à son prédécesseur de 1753, auteur de la palpe de la paroisse de Naves.

De notre étude spéciale, il résulte encore qu'en 1778 l'enclave de Chaunac comprenait 192 petites propriétés :

117 exploitées par les propriétaires eux-mêmes ;

75 exploitées par des métayers ou fermiers (ces derniers sont rares).

Par la statistique qui précède, nous avons voulu donner un aperçu de la situation territoriale de cette enclave de Chaunac avant la Révolution et, pour faire connaître la valeur réelle de la terre à cette même époque, nous donnerons le résumé de quelques contrats d'affermage sur ce territoire. La majeure partie de ces baux sont dans nos archives particulières :

1° Bail reçu par Tramond, notaire à Naves, le 9 décembre 1779. — Héritage appartenant au sieur Beaufès, situé dans l'enclave de Chaunac, contenance 14 setérées 16 perches, affermé pour 9 ans à François Bassaler, moyennant 50 livres par an.

2° Bail reçu Reignac, notaire à Tulle, le 19 novembre 1778. — Héritage appartenant à sieur Baufès, situé enclave de

Chaunac, contenance 115 set. 5 per., affermé pour 9 ans à Martin Cueille, moyennant 500 livres par an.

3° Bail reçu Tramond le 11° mars 1785. — Héritage appartenant à Jean Estrade, situé dans enclave de Chaunac, contenance 70 s. 24 p., affermé pour 7 ans à François Ceuille, moyennant 280 l. par an.

4° Bail reçu Tramond le 27 mars 1783. — Héritage appartenant à Martin Cueille, situé enclave Chaunac, contenant 5 set. 48 p. Cet héritage a été payé 5.060 livres à Jacques Bassaler y compris 500 l. de mobilier ce qui reste à 4.560 livres pour l'héritage, cela au denier 30 donne un revenu de 152 livres.

5° Bail reçu S¹ Hyppoly, notaire à Naves le 27 novembre 1784. — Héritage appartenant à Jean Bach dit Tourniquet, situé enclos de Chaunac, contenant 33 set. 3 per. plus 2 set. 10 p. Total 35 set. 13 per. affermé à Etienne Buge t m yennant 80 l. par an.

6° Bail reçu Tramond le 4 décembre 1786. — Héritage appartenant à Jean Pourchet et sa belle-sœur, situé enclave de Chaunac, contenant 81 set. 9 p., affermé pour 7 ans à Antoine Seigne, moyennant 295 l. 10 sols.

7° Bail reçu Tramond le 22 mars 1785. — Héritage appartenant à Jacques Bassaler, situé encl. de Chaunac, contenant 52 s. 36 + 13 s. 22 + 9 s. 12 p. = 75 set. 20 p. plus 2 petites parcelles de rente et les droits de mouture sur un moulin attenant à cet héritage, soit au total 75 set. 20 per. affermé pour 9 ans à Pierre Raffy, moyennant 300 livres par an.

8° Bail reçu S¹ Hyppoly le 20 janvier 1783. — Héritage appartenant à Joseph Leygonie, situé enclave de Chaunac, contenant 65 set. 28 affermé pour 5 ans à Pierre Peroussie, moyennant 335 l. par an.

9° Bail reçu Tramond le 20 décembre 1784. — Héritage appartenant à Michel Bordes, situé enclave de Chaunac, contenant 18 set. 22 p., affermé pour 9 ans à Jean Rodde, moyennant 88 livres.

LA JUSTICE DE CHAUNAC

Chaunac avait une juridiction ordinaire et seigneuriale. Voici les noms de quelques juges de cette juridiction :

Le chartrier des Teyssier nous indique un sieur Petro Serra, notaire royal, juge du seigneur Eymar de Chaunac, qui assiste ledit seigneur dans une contestation en 1414.

Voilà le juge le plus ancien que nous ayons trouvé en compulsant les dossiers relatifs à Chaunac.

Il nous faut franchir un long espace de temps pour remonter au XVIIIe siècle et retrouver d'autres juges. Signalons :

En 1725, *Pasquet* ; 1736 à 1739 et en 1751, 1759, *Vaschot* (Pierre), procureur au présidial de Tulle ; 1768 à 1779, *Saint-Hipoly*, qui signe juge civil et criminel des juridictions ordinaires de Chaunac, le Pezat, les Horts, Cueille et autres lieux ; 1781 à 1787, *Baptiste Saint-Hipoly*, qui signe notaire royal et juge.

Les juges suppléants que nous connaissons furent :

En 1772, *Jean Sudour*, procureur doyen au présidial de Tulle ; — en 1776, *Ludière;* — en 1780, *Etienne Floucaud*, vieux procureur au présidial de Tulle.

LES TEYSSIER DE CHAUNAC

LEURS POSSESSIONS, LEUR GÉNÉALOGIE

Les Teyssier, depuis le XVIe siècle, se sont tellement identifiés avec Chaunac qu'il est difficile de nos jours de lire le nom de l'un sans évoquer le souvenir de l'autre. C'est pourquoi il nous a semblé bon, au cours de cette étude historique, de rechercher qu'elles étaient, à Chaunac ou à Tulle, les possessions territoriales de la branche des

Teyssier dont nous nous occupons, et le hasard nous a servi à merveille.

Aux pages 11 et 12 du présent travail, nous avons donné un acteémanant de l'évêque de Tulle qui, en 1628, confirme aux descendants de Jean Peyrot (mieux *Pignot*) Teyssier, sieur de Chaunac, les droits et privilèges de fondateur d'une chapelle dans l'église Saint-Julien de Tulle. Cette citation nous a valu de la part de M. le comte de Lavaur de Sainte - Fortunade l'intéressante communication dont nous avons déja parlé au chapitre de « La Seigneurie », page 50 du présent travail. Dans ce mémoire sur la famille des Teyssier de Chaunac, nous trouvons relatés bon nombre de faits très intéressants et qui, en complétant l'historique de notre seigneurie, nous donnent des détails tout particuliers sur la famille des Teyssier. Nous y relevons aussi de nombreux documents pour l'histoire de notre cité natale, notre pittoresque ville de Tulle, où les Teyssier avaient prospéré au point d'être connus non seulement parmi les plus riches bourgeois, mais encore parmi les premiers magistrats

Nous aurions voulu donner ce document dans son entier, mais il ne faudrait pas moins de 200 pages imprimées et cela nous obligerait à sortir du cadre que nous nous sommes tracé ici. Nous nous bornerons donc à extraire de ce registre les documents intéressants directement Tulle et la seigneurie de Chaunac, espérant pouvoir publier le mémoire complet plus tard.

Ainsi que nous l'avons déjà constaté, les Teyssier occupaient à Tulle un rang élevé parmi la bourgeoisie du XVIe siècle, l'auteur du manuscrit que nous allons analyser écrit ce qui suit :

« Mon feu père fust pourveu de l'office de receveur ancien du taillon de Tulle en l'an 1573, âgé seulement de 19 ans. »

Ce fut probablement cette situation de receveur du taillon qui occasionna les rapports d'intérêts entre Jean Teyssier et le sieur de Lavaur, car nous voyons que, par contrat du 11 novembre 1597, ce Jean Teyssier vend son office à un autre Teyssier et à un Meynard, à condition que ces derniers acquitteraient à divers les sommes que lui, Jean Teyssier, devait sur son office. Dans ce contrat, qui fut reçu par Me Robbert, notaire de St-Bauzile, en la vicomté de Turenne, nous voyons que le sieur de Lavaur figure en qualité de créancier pour une somme de 1.500 livres tournois. Nous avons vu qu'il n'en fut pas toujours ainsi, les Teyssier ne furent pas longtemps les débiteurs des de Lavaur, puisqu'ils leur succédèrent dans leurs possessions de Chaunac. La liquidation de cette situation de receveur occasionna de nombreux procès à la famille Teyssier, nous voyons qu'entre autres ils plaidèrent pendant de nombreuses années avec les Meynard, les Salaignac, Darfeuille, Verthamond, Barre, Ceron, Brivezac, etc., même avec Madame la duchesse d'Angoulême et aussi avec les Ventadour.

Ils eurent encore des procès de famille parmi lesquels celui occasionné par les clauses du testament de Jeangrand Teyssier, le père du receveur du tallion.

Voici l'historique de ces différents raconté par Jean, petit-fils de Jeangrand :

Feu mon ayeul, par son testament du 9 décembre 1558, a voulu que son filz Jean Teyssier l'aisné fust par son héretier bien nourry et entretenu en sa maison, tant dè vivres qu'habillement, et qu'à la fin de ses jours il peut disposer de 200 ll. tournois sur ses biens, et s'il advenoit que Dieu permit qu'il peut aller et eut moyen de travailler, et se voulant marier, audict cas, s'il le pouvoit, il luy donne sa maison neuve de la fontaine St Martin, sa vigne, pré et oratoire du pont de la Peyre, le celier deschillons avec toute la vaisselle qui estoit dedans, et que son héritier eust à le nourrir jusques en l'aage de vingt ans et le mettre en l'estat qu'il voudroit estre pour gaigner sa vie, et après luy lègue aussy son pré de Condaillac et 200 ll. une fois payées.

Codicillant audit testament le mesme jour, mon dit ayeul donne à mon dit oncle outre ce dessus, au cas il ne peut demeurer avec son héretier, un chascun an, 24 cestiers de grains, 18 de seigle et six de froment, six livres en argent et deux muytz de vin et qu'il puisse demeurer en sa dicte maison de la fon St Martin, et à telle chambre que bon luy semblera de prendre de sa maison où il réside continuellement.

Le 17 janvier 1560, mon ayeule, Anthonine de Meschin, par son testament donne a mondict oncle, son fils, la somme de 10 ll.

Mondict oncle moureust en l'année 1594, comme j'ay apris de plusieurs.

Le 18 janvier 1604, mon oncle Pierre Teyssier faict assigner feu mon père au sénéchal, entre autres choses pour le payement de la cinquième partie des biens délaissés par ledit feu sieur Jean Grand, leur frère commun.

Le 12 mars, feu mon père deffend que leur père a testé exemplairement pour leur dict frère commun qui estoit mort et en l'estat qu'il l'avoit laissé et avoit voulu qu'il ne peut tester que de 200 ll. le cinquiesme desquels il offre en supportant pareille cotité des frais funéraux et autres charges ; ledit Me Pierre au contraire soutient que leur feu père n'a pu disposer par substitution ny autrement de la légitime de leur frère.

Tant procédé que, par arrest du 4 aoust 1607, mon père fut condamné entre autres choses à délaisser audit Pierre la cinquiesme partie de la légitime appartenant audit feu Jean leur frère sur les biens de leur feu père, avec restitution des fruicts puis le décès dudit père, en payant et portant par ledit Pierre la cinquiesme partie des frais funéraux et autres charges de l'hérédité de leur dit frère.

Le 27 novembre dudit an mondit père est sommé de satisfaire audit arrest qui proteste de se pourvoir contre icelluy.

Le 2 octobre 1614, ils transigent de leur différant...

Le 5 novembre 1619, mon père et Peyronne de Teyssier, veufve de feu sieur Latour, sa sœur, transigent des droits à elle appartenant en l'hérédité dudit feu Jean Grand, leur frère, à la somme de 180 ll. que mon père promet luy payer...

Le 2 mars 1628, Mᵉ Jean Dupuy, advocat, en hayne de ce que j'avais servy et utilement son père, fit assigner mon père agonisant par devant le sénéchal sur requête par laquelle il narre le testament de mon ayeul, le mariage de Catherine de Teyssier, son ayeule paternelle, sœur de mon père, avec Mᵉ Jean D. puy, son ayeul, sur son contract de mariage et autres pièces et requiert acte de ce que lorsqu'il pourra agir aulcune prescription ne luy pourra obvier.

Mon père étant décédé le 5 dudit mois, le 20 en suivant ledit Dupuy fait assigner madite mère comme héritière de feu mon père et, luy ayant demandé consignation des pièces mentionnées en sa requeste, l'affaire en est demeurée là sauf que de deux en deux ans il fait quelque sorte de poursuites.

Suit une longue plaidoirie de M. Teyssier de Chaunac au sujet de cette affaire qui dura plusieurs années. Nous y relevons un renseignement concernant l'oncle Jeangrand : ce manuscrit nous apprend qu'il était infirme au point de ne pouvoir se servir seul, mais qu'il vécut pourtant de longues années après son père. L'auteur du registre écrit :

Et adjugeant la restitution des effruictz, puis le décès de mon ayeul, en supportant les frais funéraux et autres charges, elle a entendu [la cour d'appel] par autres charges, la nourriture et entretenement dud. feu Jean Grand, qui ne peut estre petit veu la qualité son infirmité et qu'il ne pouvoit du moings qu'yl ne fust servy d'une personne. Et le temps qu'yl a vescu après le décès de sond. père qu'est de 37 ans, ce qui absorbera a fort près lad. légitime. »

Enfin l'historique se termine par la note suivante :

Le 7 juillet 1637, ay transigé avec ledit sieur Dupuy père, tant pour luy qui est procurateur expresse de son filz, et luy ay payé 2 0 ll. et les intérests d'icelle pour tous les susdictz droictz dudit Jean Grand. Le contract est receu par Julyard que j'ay levé.

Ce n'est pas seulement à cause de l'héritage de leur aïeul que les Teyssiers plaidaient ; voici un bien curteux et ridicule procès entre eux, au sujet de leur chapelle de Saint-Julien de Tulle :

Le dernier de juin 1543, Jean de Mousson, vicaire général du sieur Evesque de Tulle, permet à Jean Pignot Teyssier d'édiffier une chapelle joignant à l'autel Saint Sébastien et du costé du cimetière claux, laquelle permission ledit sieur Evesque ratiffie le 18 juillet en suivant, signé Mousson, vicaire general, Bourrelier, secrétaire, et la ratification de Laguane.

Le 18 juillet en suivant, ledit Jean Pignot Teyssier convient . avec les scindicz de la fabrique de la dite esglise que lesdits scindicz luy permettent deslargir ladite esglise, du costé de la chapelle St Sébastien, qu'il luy appartiendra en ladite chapelle St Sébastien et encore qu'il fera eslargir, ou bon luy semblera, trois sepultures ; qu'il y fera faire ses bancs, comme bon luy semblera, que la chapeile St Sébastien ne changera pas de nom. Receu par Ceron. Je n'en ay qu'une copie escripte de la main de Est. Teyssier.

Le 25 novembre audit an 1543, Mons. Puyauferrans, maltre masson de Martel, dit avoir travaillé à la construction de ladite chapelle, pendant laquelle ledit Teyssier serait décédé, qu'autre Jean Pignot son filz luy fait achever. Vient à compte de ses journées et de ses serviteurs dont il baille quittance audit Teyssier fils. Receu et signé par Serezat.

Le dernier may 1544 après qu'il a esté dit que ledit Teyssier

avoit actionné Pierre Arnal pour faire carreler la sepulture
qu'il avoit dans ladite chapelle ledit Arnal promet de faire. —
Reçu et signé par de Serezat.

Le 7 jung 1545, ledit Teyssier faisant faire un creux en la
chapelle St Sébastien et de la Nativité pour y ensevelir
M° Pierre Roux, son beau-frère, les scindicz luy noncent.
Receu et signé par du Mougene, ce que ledit Teyssier ayant
pris pour trouble et procès s'estant rendu par devant le sénéchal
le 19 juillet en suivant, ils transigent du vouloir et consentement de tous les parroissiens et de l'advis de leur sénéchal
que le corps dudit Roux sera ensevely en ladite sepulture
ensemble celluy de Peyronne Teyssier sa femme qui leur
demeurera propre ; que les sépultures de ladite chapelle
demeureront à ceux à qui les Teyssier les avoit distribuées
scavoir à M° Jean Arnal, à M° Guill. Bressola dit Coste, à la
maison de Forzes et de Manso, à M° de Besson, à M° de Cor-
nier, à ceux de Coly, à Anth. et Pierre Arnal frères, à M° Jean
Maure, prebtre, à l'aisné de la maison de Marsal, à Germain
R ffault, Jean de Paris, et Leonarde Despretz. Que si aulcun
donne quelque chose pour la réparation de ladite chapelle, les
scindicz le prendront pour l'y employer, et s'il y a des sepultures vacantes autres que les susdites lesditz scindicz en pourront disposer, sans qu'à raison de ce ny autrement lesdits
scindicz parroyssiens ny autres puissent en rien préjudicier
aux honneurs et préminences que ledit Teyssier a en ladite
chapelle St Sébastien et de la Nativité n'y a ses trois vas qu'il
a fait faire en icelle, deux devant l'autel St Sebastien et un
devant icelluy de la Nativité, ny aux bancs et fermure qu'il a
faict faire à ladite chapelle. Que les sépultures des particuliers
estant dans ladite chapelle ne pourront estre couvertes ne que
de carreau sans la permission dudit Teyssiér. Qu'ils seront
tenus dans un mois après avoir ouvert lesdites sepultures les
recouvrir en bon estat. Ladite transaction re eue par de
Sodeilles et signée d'Eyroles.

Le penultième mars 1547, sur le différent entre les susdites
parties, pour raison d'un gardoir que lesdit scindicz voulaint
mettre au dessoulz d'un arceau estant en ladite chapelle ou les
Teyssier ont un petit banc, ils transigent que lesdits scindicz

seroient tenus tenir ladite chapelle couverte et vitrée et moyennant ce ledit Teyssier leur donne permission de mettre ledit
gardoir dans ledit arceau. Que lesdits scindicz pourront faire
un banc à dossier dans ladite chapelle et tout du long d'icelle,
les armoyres duquel appartiendront à la fabrique, sauf qu'il
pourra mettre le petit banc qu'il avoit soulz ledit arceau ou bon
luy semblera. Que quand il y aura un prebtre de la maison
dudit Teyssier luy sera baillé l'armoyre de dessoubz l'autel
St Sebastien qu'il y avoit fait faire. Sans qu'a raison de ce
lesdits scindicz ny autres parroissiens puissent prétendre
aulcune prééminence dans ladite chapelle ny aultre servitude.
Receu par Sodeilles et est au livre des contracts fol...
Signé Dubail.

L'an 1545, Anne de Baluze, femme à Jean Teyssier l'aysné,
levant de couches et s'estant mise avec son convoy dans les
bancs de ladite chapelle sans avoir voulu faire plasse à la
femme dudit Jean Pigno', ledit Jean Pignot luy forme arrest de
querelle dans lequel fut longuement procédé par devant ledit
senéchal, il y eut enquestes et devoleu au parlement lesdites
parties ont transigé le dernier de mars 1548, entre autres
choses que ledit Jean Pignot consent que ledit Jean l'aysné.
son frère, et les siens soient ensevelis en une sépulture qu'il
sera tenu luy délivrer dans ladite chapelle, dans laquelle
pourront estre aussy ensevelis ledit Jean Pignot, ses autres
frères et sœurs et les leurs à la charge quand il aura ouvert
la sepulture de la recouvrir et que ledit Jean l'ayné et les siens
ne pourront mettre ez bancs dans ladite chapelle après
Mᵒ François Teyssier leur frère, ledit Jean Pignot et les siens
sans que pour raison de ce ledit Jean l'ayné n'y les siens
puissent s'attribuer autre tiltre en ladite chapelle, si n'est
avec droict de banc et sepulture seulement. Receu et signé
Dupuy.

Le 15 juin 1552, du consentement des parties et de M. le
procureur général, ladite transaction est homologuée par
arrest de la cour de parlement de Bordeaux avec comᵒⁿ au
premier juge royal pour icelle valoir extʳ sur les lieux, le tout
en forme, sellé et signé Du Pontac.

Le 19 décembre audit an, les parties estant assignées par

devant M. le lieutenant général de Brive, com^{re}, ledit Jean
l'ayné soutient que quoiqu'il soit porté par ladite transaction
il luy fust promis que s'il estait le premier audit banc n ne ly
pourrait troubler, sur quoy et autres constestations dont fus
procédé que par sentence du sieur lieutenant du 28 dudit mois
en exécutant ledit arrest, il est fait inhibition et deffenses
audit Jean l'ayné et tous autres à peine 500 livres de ne contrevenir en ladite transaction, de ne troubler ledit Jean Pignot
en la possession de ses bancs et chapelle, et inhibé de s⸗
mettre dans iceux si ce n'est après ledit Jean Pignot et les
siens, et sur les faicts ordonné que les parties se pourvoierront.
Ladite prorogation de cession signé Lachez⸗ greffier.

De laquelle sentence, ledit sieur Jean l'ayné aurait appelé,
relevé et faict exploiter sans appel, duquel il se seroit en suyte
désisté et par arrest du 27 may 1554 par lequel il aurait esté
condamné aux despens de ladite exécution et dudit incident.

Le 2 avril 1557, dans ladite chapelle, ledit Teyssier ayant
trouvé ledit Jean l'ayné dans un desdits bancs l'a sommé luy
faire plasse et à François Teyssier son fils et de se mettre
après eux ce qu'il refusa. Ladite sommation signée Dubail.

Sur lequel refus s'es'ant ledit Jean Pignot pourveu en la
cour, par arrest d'ycelle du 22 juin 1554, luy fust inhibé de
plus contrevenir à ladite transaction à peine de cinq cent livres.
Ledit arrest signé Pontac.

Depuis, et le 7 août 1625, Estienne Teyssier, petit fils dudit
Jean l'ayné, faisant les honneurs funèbres de ses enfants, pré-
tendant avoir esté troublé en son convoy funèbre, en tant que
le feu sieur de Chaunac filz dudit Jean Pignot avait siegé dans
lesdits bancs, le fa't assigner en arrest de querelle par devant
le senechal de Tulle ou tant fut procédé qu'après monstrée
faicte par sentence d'icelluy, du 10 novembre 1626, les parties
sont condamnées entretenir respectivement ladite transaction
et suivant icelle maintenir ledit Estienne et les siens au droit
de pouvoi siéger aux bancs après lesdits sieurs de Chaunac
et les siens, condamne ledit sieur de Chaunac à remettre l'un
desdits bancs au premier estat et ledit Estienne le marchopied
de l'autel St Sebastien, permet audit E. Teyssier suivant la
coustume du pays metre pendant l'an de deuil un tahut sur
ladite sepulture commune en sorte que l'entrée de ladite

chapelle ny le service de l'autel n'en soient incommodés.
Signée de Melon, commis greffier.

De laquelle sentence ledit Estienne aurait appelé, relevé et
faict exploiter soubz apel des 27 janvier et 13 février 1627.
Signé Peyrat.

Le feu sieur de Chaunac estant décédé, j'obtins partant que
besoins estait permission de M⁼ de Tulle de faire la ceinture
au dedans et dehors de ladite chapelle, du 25 avril 1628, signée
de luy (1). A suyte de quoi, je fis faire ladite ceinture, que
M⁼ de Tulle fict quelque temps après, à la insinuation de
quelqu'un effacer par le dehors.

Le P. recteur des jésuites nous accorda après qu'il requies-
sait à ladite sentence seroit sur le banc bas en récompense du
taudis qu'il estait condamné remettre que j'avais fait faire quy
ne fust instrumenté de sorte que s emancipant de son ord^re je
le fis somm r le 23 avril 1629 par devant Eyroles d'instrumen-
ter ledit accord ou de s'en départir et aux mesmes fin de faire
assigner par devant le sénéchal le 30 dudit mois et pendant
cela Gabriel Teyssier fils dudit Estienne fust nommé le... du
mesme mois par devant Julyard de me faire plasse ce qu'il
refusa, comme de mesure à aultre sommation à luy faicte par
devant le sénéchal du 26 dudit mois de plus ayant faict com-
mencer lesdits bancs j'obtins des inhibitions du sénéchal du
11 may 1629 que luy fict signifier par De Chiniac au préjudice
desquelles il a faict faire lesdits bancs.

Ces querelles de bancs et de chapelles nous
donnent bien la note de leur époque.

Oh ! combien ridicules sembleraient aujourd'hui
pareilles prérogatives, pareilles questions de pré-
séance !...

Deux frères ne pouvant s'asseoir au même
banc, à l'église, sans que l'un revendique son

---

(1) Nous avons donné copie de cette pièce à la page 12 du présent
volume.

droit de première place !... La femme de l'un, arrivée première, pour se faire bénir après ses couches, ne cédant pas sa place à sa sœur qui prétend y avoir droit !... Pour si peu lui intenter un procès qui durera plus de trois quart de siècle... Plaider pendant 84 ans pour avoir droit à la première place à l'église, voilà bien la marque du siècle des parvenus !

Recherchant, après tous ces procès, quelles étaient les possessions des Teyssier de Chaunac, nous relevons les suivantes :

Tiltres pour le vieux pavillon de céans

Le 26 juin 1442, Jean Arnal, bourgeois de Tulle, arrenta à M° Jean de Jugie, clerc du lieu d'Ayren, quelques siennes maisons et petit jardrin sis au barry d'Alverge de Tulle, con - frontant avec la rüe publique, tendant du pont Chauziny à la fon St Martin, avec le jardin de Jean Dioudèle, avec l'eau de la Courrèze, avec un jardrin de M. Polinac, nob., et avec un eyrial du s^r M. Pierre, une rüelle entre deux et avec la maison de Jean Laborie, ausy une rüelle entre deux, soubz le cens de 30 s. avec supplication au s^r qu'il appartiendra avec l'inves- titure au pied du s^r celarier, du 4 octobre audit an, le tout signé par Petro de Maso.

Le 2 février 1454, fust traicté mariage entre Jean de Belveyre fils à Arnal, du lieu de Courèze et Jeanne de Fonte du lieu de Laguene, fille à Jean, niepce d'autre Jean, lic nsié ez droictz et chanoyne de Lymoges et vefve de feu M° Jean Jugie, notaire de Tulle, par lequel ladite de Fonte porte en dot la maison qui avoit appartenue audit sieur Jugie, siz au barry d'Alverge avec un jardrin y joignant, confronte comme ci-dessus.

Plus un soustre ayant appartenu audit Jugie, size audit barry et au dessoubz d'une station de Pierre Viladare et une plasse au-devant, icelluy confrontant avec lad te rüe qu'on va a a fontaine St Martin avec l'autre rüe qu'on va du pont Chauziny à la croix du Chambon. Signé par Joanne de Ceuille.

Le 9 juin 1487, Symonet de Belveyre, fils à Jouanot, vend à

Johanot Vergne, marchant de Tulle, le susdit soustre confrontant avec autre soustre dudit Vergne, et par le dessus avec
une chambre de Peyronne de Juyé et avec la maison dudit
Belveyre, une rue entre deux, avec suplication au s' celarier,
avec l'investiture au pied dudit sieur celarier du 28 décembre
audit an. Le tout signé par Joanne Costats.

Le 13 février 1488, Jouanot et Symon de Belveyre père et
fils baillent en eschange à Guillaume Teyssier une de leur
maison apellée de Jugie et jardrin y joignant scize comme
dessus confrontant avec la rue qu'on va a Ezglottons, avec
autre rue tendant du pont de l'Escurol à ladite fontaine avec
la maison de Michel Borie, par luy acquise de M° Pierre
Polinac, un patu entre deux, et avec jardrin dudit Borie, une
vanelle appartenant audit Belveyre entre deux et avec un
eyr'al de Jean de Bos et Rodolphe Peschadour et ledit jardrin
confronte avec le jardrin dudit Borie, fleuve de Courèze et
autres susdites confrontations.

Plus un estable près l porte de la susdite maison et devant
la maison dudit Borie et au dessoubz l rue publique qu'on va
du pont de l'Escurol vers le *riu el Bech*.

Avec clause que ledit Teyssier payera de rente sur ladite
maison 30 sols et sur ledit jardrin un cestier froument deubz
audit Arnal et 8 livres tous les ans audit Belveyre. Signé par
Bernard de Sodeilles comme coll°ⁿ de Triouchonis.

Il y a vente de ladite rente faite par ledit Arnal à mon
bisayeul du 22 juillet 1527 Signée par R. Ceron.

Le 19 février audit an, ledit Teyssi r en fust investi par le
s' célarier. Signé Anth. Chassagnard.

Le 16 octobre 1495, Guillaume Teyssier paye aud. Symon
de Belveyre tout ce qu'il luy devoit Contract signé par led.
Soudeilles.

Le 4 janvier 1509, Guillaume Teyssier transige avec Jean
Peschadour, boucher, pour le différent qu'ils avaient à cause
de l'entre-deux de leurs maisons, qu'il est permis audit Teyssier
de mettre quatre fress (?) depuis sa maison jusques et sur la
maison dudit Peschadour, jusqu'au milieu de la rüele pour y
faire un balet et d'icelluy se servir comme de sa chose propre·
Signé dudit Sodeilles.

Le dernier avril 1556, mon ayeul vend à Pierre et Roussel

Peschadour, dits de Roussot, frères, bouchers, deux chambres
et le solier par dessus tenans l'un sur l'autre, scitués au faubourg d'Alverge, confrontant avec une maison desdits achapteurs avec une station de maison desdits achapteurs devers le
jardrin dudit Teyssier, avec un soustre dudit Teyssier et avec
sondit jardrin.

Plus 6 sols 6 deniers a luy deubz de rente sur un estable ou
soulier desdits frères scitué en dessub, confronte avec la rue
qu'on va à la fontaine St Martin par devant, et par le dessus
avec une maison nommée de Mesigac de feu M° Jean Serezat
et feue Jeanne de Vergne sa femme.

Aux conditions que ledit Teyssier pourra faire un fourneau
en sondit soustre, le conduire jusqu'à la première station
desdits Peschadour seulement, pourra mettre des bouquetz de
pierre a la muraille de ladite maison vendue et soustre dudit
Teyssier pour soustenir les fustaiges nécessaires pour aller à
une sienne chambre appelée la sale basse et autrement luy
servir ou il voudra, à la charge de ne faire le balet plus large
que de la moytié de la ruele et que ledit Peschadour en pourrait
faire un autre à l'autre moytié tant que devant leur fenêtre,
comme aussy pourront jetter bassières en ladite plasse à la
charge de les conduire clauses jusque terre, comme aussy en
ce qui leur apartient pourront faire des retraictz et les conduire
jusqu'une retraictz ancien estant entre leurs maisons et le
fenier dudit Teyssier chez eux seulement. Pareillement pourra
ledit Teyssier jetter des cloaques dans ladite vanelle estantz
entre deux au susdit fenier, nonobstant la permission qu'il a
donnée audits frères de joindre à sondit fenier quelque torchis
pour faire quelque chambre, pourra aussy ledit Teyssier mettre
des bouquetz à la muraille de la maison des achapteurs pour
entretenir des treilles à la charge de ne pouvoir mettre aulcun
sole à l'endroit de la fenestre desdits Peschadour ne autre
chose qui empêche la clarté que soit joignant à ladite fenètre
et aussy pourront lesdits Peschadour jetter des buches dans
ledit jardrin à la charge de ny porter dommage et de ne jetter
aucun immondice dans icelluy. Et que lesdits achapteurs
n'auront aulcun droict en la plasse qui est entre le soustre et
maison dudit Teyssier et auront au restant de la place chemin
commun lesdites parties scavoir lesdits Peschadour pour aller

à leur soustre et ledit Teyssier pour aller aussy a son jardrin, estable et plasse et ne pourront jetter lesdits Peschadour aulcune chose en la plasse des Teyssier qui en pourra faire comme luy plaira. Avec supplication au sieur celarier. Signé de Sodeilles.

Le 2 octobre 1558, mondit ayeul transige avec lesdits Peschadour sur le différent entre eux à raison des chambres qu'il avait faict faire sur ladite plasse de laquelle lesdits Peschadour en prétendaient le quart de partie. Que les Peschadour renoncent à tout droict qu'ils pourroient avoir auxdits édifices en faveur dudit Teyss er, se reservantz seulement le chemin qui est au dessoubz desdites chambres pour le service de ses estables, maison et celier. Signé par Jean de Sodeilles.

Le... du mois de... 16... ledit feu sieur de Chaunac, mon père vendit ledit soustre estant au dessoubz de la maison desdits Peschadour à Pierre Peschadour et se retint le dessoubz des chambres estant entre leurs deux maisons. Receu par Bonnet.

Nous avons pu suivre la description de ce manuscrit, grâce à un vieux plan détaillé de la ville de la ville de Tulle que nous avons sous les yeux. Nous regrettons qu'il ne nous soit pas possible d'en donner ici une reproduction partielle, ce serait un document des plus intéressants et utile. Mais nous savons qu'un de nos amis va publier ce magnifique plan de détail sous forme d'album, nul doute que tous ceux que l'histoire de notre pays intéresse ne s'empressent de se procurer un exemplaire de ce travail.

Voici quelques autres documents sur les possessions des Teyssier aux quartiers d'Alverge et de la Rivière à Tulle :

Pour la maison estant au bout de nostre jardin que nou apel'ons le vieux fenier de céans, ou du soustre apellé d'Eschillons.

Le 15 juillet 1528, Maitre Jean Viale, prebtre, et Léonard

son frère marchant, vendent à Jean Petit Teyssier un soustre ou estable avec les servitudes au devant sis au barry d'Alverge confrontant avec l'estation de la maison de M⁹ Est. de Saint Salvadour prebtre, par le dessus et avec la maison de Pierre Faugeyron, une vanelle entre deux, et avec l'estable dudit Teyssier et la rüe qu on va à la fontaine-St Martin entre deux .

« *Pour les maisons de Borie acquises par le feu sieur de Chaunac mon père, du sieur advocat Latour.* »

Le 15 juillet 1500, Guillaume Teyssier et Pierre Borie transigent pour raisons de leurs maisons contigüent confrontant : celle de Teyssier avec la rue de la font St Martin, avec le jardrin et la maison de Borie, une vanelle dud. Teyssier entre deux et avec le jardrn de Teyssier. Et celle dud. Borie et jardrin avec un pressoir entre deux, vers le jardrin du sieur Teyssier une muraille entre deux, vers lad. vanelle et avec l'eau de Courrèze par laquelle il est permis au sieur Teyssier de faire un meat au dessoubz du jardrin dud. Borie pour conduire les immondices jusqu'à la rivière. L'acte est signé Bernard Sodeilles.

Ici se trouve intercalée une transaction entre Pierre de Fénis, juge de Tulle, et sa femme Jeanne de Borie d'une part, et Antoine Borie, bourgeois, par laquelle ils remettent audit Antoine Borie tous les droits qu'ils ont sur une maison et un jardin « size au fauxbourg d'Alverge, confrontant avec la maison de Teyssier, rue publique d'Alverge et rivière de Courrèze ». Cet acte porte la date du 23 septembre 1549 et est signé par de Lagarde.

Le 5 mars 1597, le sieur Latour, avocat, échange cette maison avec le sieur de Chaunac contre une pièce dite du Pont de La Peyre et mille livres.

Il y eut ensuite procès ; des experts furent nommés pour évaluer les biens échangés : la maison et le jardin furent évalués 1.300 livres et la pièce du Pont de la Peyre 200 livres.

« *Pour le procès d'entre Boural et nous a raison de nos jardrins.* »

Ce procès fut intenté par Boural à Teyssier, en
novembre 1610. Il s'agissait d'empêcher la plantation de pieux au bord de la rivière la Corrèze,
pour garantir les terres du jardin de Teyssier. Ce
procès dura plus de 27 ans, puisque notre manuscrit n'en fait pas connaître le résultat définitif : il
s'arrête à une nouvelle citation devant le sénéchal,
en août 1637. Dans cette affaire nous relevons
quelques particularités touchant la topographie
des abords de la Corrèze à Tulle, nous y trouvons
aussi les noms de quelques propriétaires de Tulle
au XVII⁰ siècle.

Les Teyssier possédaient une maison et un
jardin sur le bord de la Corrèze. Pour garantir
leur propriété ou gagner du terrain sur la rivière,
ils avaient commencé une plantation de pieux dans
le lit de la Corrèze, les voisins s'en émurent. Cette
maison et ce jardin étaient à peu de distance de
la *Tour du Moulin*, puisque nous voyons que
dans « ce procès intervindrent Mᵉ Helies Delager
qui adhérant à Boural représente les prétendus
attentatz dud. feu sieur de Chaunac et l'incom-
modité que cella luy portent à son moulin et conclud comme led. Boural. »

M. de Tulle intervient répresente que la ruine
de sa maison peut arriver par la « prétendue
restriction de la rivière faicte par led. feu sieur et
conclud comme led. Boural. »

« MM. les maire et consuls interviennent aussi
pour demander, comme Boural, la démolition de
tout ce que led. sieur Teyssier avait taict dans led.
canal »[1].

---

(1) Il est bon de noter ici, pour l'intelligence des revendications
ci-dessus, que la Corrèze était à cette époque, et à cet endroit, barrée
par une digue refoulant l'eau dans un canal qui actionnait le moulin
connu sous le nom de *Moulin du Chapitre* ou des *Portes de Fer*
dont nous parlons dans notre récent travail sur *L'Aliénation des
Biens du Clergé à la Révolution*.

Teyssier prétend qu'il n'a fait que réparer et remettre en état ce qui existait en 1554 et « secondement que led. Borie avait reparé et relevé une grande plasse entre les maisons et jardrins et lad. rivière de Courrèze de la longueur de quarante pieds et de la largeur de dix à douze, environée de grandes piesses de bois clouées l'une avec l'autre, d'hauteur de deux ou trois pieds, et d'aultre pliés en large pour repousser l'eau, comprenant lad. place le meat dud. Teyssier, laquelle plasse led. Borie a toujours soustenue par tous les procès luy apartenir, qu'il n'a faict que reparer icelle, ce que lui estoit loysible comme de sa chose propre et sur quoy luy avoit esté noncé l'an 1554.

» Et en troisième lieu du carre de la tour du moulin, jusque la maison qui avoist esté de La Chassagne, lors de Freyssinges et depuis de St Salvadour et presentement de Boural, y avoit un grand gravier commun ou est a présent le jardin de Boural. »

Nous voyons que cette maison était à peu de distance du moulin dit du Chapitre qui se trouvait près des Portes de fer. Ce qui de nos jours représente à peu près le point où se trouve la maison Albier, au bas des escaliers qui conduisent du quai Baluze au quartier de la Barussie.

« Fondalité et directité de la maison et jardrin de Titino en la rüe de la fon St Martin, fauxbourg d'Alverges. »

Le 26 mai 1498, Guillaume Teyssier arrente à Jacques Faugeyron « une grande brassade d'hommes d'un jardin situé au barry d'Alverges, confrontant avec la rüe publique qu'on va dudit Alverges à la fontaine St Martin, maison dudit Teyssier, avec la rivière de Courrèze et maisonet jardrin de Jacques Faugeyron, le jardrin du cousté de la maison et jardrin dudit Faugeyron, mesurant ladite brassade en largeur de long à long du jardrin dudit Teyssier de la murailhe de la maison dudit Faugeyron et cloture de son jardrin, soubz la rente annuelle et perpétuelle de 1 cestier de froment, mesure de Tulle. » Ce contrat est signé par Petro la Vergne.

« Fondalité et directité de la maison apellée des Molis à présent de Lidove au fauxbourg de la Rivière. »

Le 8 mars 1548, le sieur de la Chapoulie vend au sieur Teyssier pour 10 sols de rente une maison située au barry de la Rivière apellée des Molis, « confrontant avec l'eau de Courrèze, la rüe publique entre deux et avec une ruelle qu'on va du dit fauxbourg à la Barussie. » Le contrat est signé de Pheletin.

Voici quelques autres possessions aux alentours de Tulle :

« Vignes du Bois Mingier »

Par contrat du 14 novembre 1522, Jean Teyssier acquiert des tuteurs des enfants de Odet de Peyrac une vigne au Bois Manger, d'une contenance de huit journaux, confrontant avec celle de Jean Bousquet et d'autre Jean du même nom et avec la « Charrail du Bois Mingier. »

Les Teyssier payaient pour cette vigne 20 sols 4 deniers de rente annuelle au chapitre de Tulle.

« Vigne et terre de Garinet »

En 1626, Pierre Teyssier était propriétaire d'une vigne et d'une terre situées au Garinet (séminaire actuel), la vigne était d'une contenance de 10 journaux et la terre de deux setérées. Les confrontations étaient : avec la vigne de Sébastien Dubois, avec une terre du sieur de Garinet et avec autre terre de Pierre Rinjère. — Cette vigne et cette terre furent vendues en 1648 au sieur Rabanide.

« Prés et Bois de Condaillas »

Le pré de Condaillas qu'on nommait *pra de las Eyminadas*, ainsi que le bois dit de *Las foun* payaient la rente au prévot de Tulle : froment 1 eymine, seigle 1 setier, avoine 1 eyminal, argent 22 deniers.

« Prés de La Vergne et de Freyssinges »

Il y avait là 8 journaux de pré achetés par l'aïeul de l'auteur du journal, qui, plus tard, passèrent aux mains de la famille de Juyé.

« Pour ce que j'ay à faire avec Estienne Vergne dudit village de la Vergne. »

C'est un prêt de 72 livres consenti par l'auteur du cahier en faveur de Vergne.

A la suite se trouve le détail du payement et une note du 5 octobre 1632 : « Ay baillé à chaptail audit Vergne deux vaches et une velle pour 62 livres. »

Ce marché de cheptel est passé par devant Eyrolles, notaire. « Nota : Que je n'ay payé de cette somme au gendre du colon que 31 livres 10 sols dont a esté mis solvit au pied d'un obligé consenti par led. Vergne et ay promis de payer le restant au jour de la Noël. — Payé lad. somme led. jour et led. Vergne a retiré son obligé. A

esté vendu un taureau le 18 avril 1635 : Dix livres
que j'ay reçeu entièrement. Le 26 juillet 1635.
J'ai retiré led. chaptail après le dexces dud. Thene
sans hered. consistant en une vache pleine, une
velle pleine et deux petitz veaux que je crois vault
le fort principal. »

« *Tènement du Pont de La Peyre es apartenances du Puy
Donnarel.* »

Le 16 mars 1470, Benoit del Pouget, couvreur
de Tulle, vend à Guillaume Teyssier une terre sise
au Puy Donarel, confrontant avec le chemin qui
va de Tulle à Laguenne, vigne ou terre de Jean
Pierre, tisserand ; vigne de Jean Mouro, vigne de
Guillaume del Defoix et terre de Jean Eymier,
maréchal. Ce contrat est signé par Jean Verdier,
notaire .

Le 12 mars 1512, Pierre Teyssier *dit Carpe* et
Julianne del Peschadour, sa femme, vendent à
Jean Petit Teyssier, fils dudit Pierre, une vigne
située aussi au Puy Donarel, paroisse de St Julien
de Tulle. Ce contrat est signé par Bernard
Sodeilles, notaire.

Le 2 juin 1530, ce même Jean Petit Teyssier
reconnait tenir de noblé Agnet Chautard, sieur de
La Rochette, une vigne, pré et maison situé aux
appartenances du Puy Donarel, en toute justice,
fondalité et directité sous le cens de 4 sols d'argent
et une demi poule, payables à la Noël. Le contrat
est signé par Calmine de Crure, notaire à Laguenne.
Il est à croire que l'accord ne fut pas complet au
sujet de cette vente, car nous trouvons plus loin que
ce tènement fut vendu, en 1534, par noble Chautard
à Jean Petit Teyssier, pour la rente annuelle de
4 sols et une demi poule. Ce contrat est signé
par La Chieza, notaire royal.

En avril 1603, le sieur Latour, Peyronne de Teyssier, sa mère, et le sieur Borderie, son beau-frère, vendent ledit tènement composé de maison, terre, pré et oratoire au sieur Espinasse. Contrat reçu par Eyrolle, notaire.

« *Tènement de Rocheservière* »

Le 24 juin 1500, Audet de Peyrac arrenta à Pierre, Jacques et Bernard de la Chièze un territoire *sive* pastural et bois contigus appelés de Rocheservière, paroisse de St Pierre de Tulle et confrontant avec La Borie de Faugieyras, appartenant à Jean de Trémouillas, de Tulle, et avec le ruisseau de la Ceron, encore avec un patural de Nivot des Brotz, un petit ruisseau entre deux, sous la rente de 15 sols d'argent et 4 journées ; l'argent payable à la Noël et les journées à volonté. Jean Teyssier devint acquéreur de cette rente le 14 novembre 1522.

« *Tènement de Las Gouch, sive Copegorge* »

Ce tènement de Coupe-gorge avait été arrenté en 1415 par Eymar de Chaunac à Jean Marti *alias* del Trech. — Cet arrentement fut discuté et plus tard, le 6 janvier 1492, Guillaume Teyssier et Anthoine Vergne font un échange... Vergne donne à Teyssier « un pré et un puy joignant ensemble ez apartenances de la paroisse St Pierre de Tulle, confrontant avec le puy del Mirat, une levade ancienne entre deux, avec le chemin qui va de Tulle à Uzerche, avec le sault du ruysseau de Ceron, avec ledit ruysseau, avec le ruysseau Masclé, avec un petit pré des Bois de la Salvage del Mirat, et avec le chemin qu'on va de Tulle à

Chaunac ». Et le 20 mai 1523, Bernard del Mirat, du village del Mirat, vend à Jean Petit Teyssier « tout ce que luy peut apartenir audit territoire de Las Gouch » ci-dessus confronté. Plus tard, le 26 avril 1625, Julien de La Fagerdie, marchand de Tulle, vend audit Teyssier trois sols et neuf deniers de rente lui appartenant sur le territoire de Coupe-Gorge, cela en toute justice, etc.

« Fondalité et directité du Bois de Bonnet es apartenances du village d'Empeult, paroisse St Pierre de Tulle. »

Le 26 avril 1525, Pierre *alias* Bassalern d'Estorges, parroisse St Pierre de Tulle, acquiert de Pierre Borderie *alias* Bonnet, marchand de Tulle, un bois chataigneraie appelé le Bois Bonnet, situé au territoire d'Empeult, dit Douriot, contenant neuf setérées, confrontant avec un bois et pré de Pierre Germain, marchand de Tulle, bois de Jean dit Lolocan d'Estorges, avec un pré de Pichon, de La Chièze, moyennant le cens de 10 sols et deux poulets.

Le 28 juillet 1549, Jean Pignot Teyssier, marchand de Tulle, achète ladite rente sur le bois ci-dessus.

« Rente foncière deue sur un bois apellé de Lintrau es apartenances du village del Chastaing, parroisse St Julien de Tulle. »

Le 20 juillet 1514, Pierre, dit Chap blanc de Fès, et Léonard de Fès, son fils, vendent à Jean Pignot Teyssier « les plus valeurs d'un leur pré sis es apartenances des moulins de Fès, apellé le pré de dessoubz la levade, soubz le cens de trois deniers. » Le 30 mai 1530, Teyssier échange ce pré contre un bois de Jean La Chièze, situé au village du Chastaing, paroisse St Julien de Tulle.

« *Rente fonciére deue sar une terre apellée El Bos Glandaretz es apartenances du village del Chier, parroisse St Julien de Tulle.* »

Le 12 décembre 1489, Anthoine, *alias* Thoniot Celaur vend à Guillaume Teyssier un jardin appelé Lestala, situé dans les appartenances du village del Chier.

Le 5 janvier 1529, Jean Teyssier avait arrenté à Pierre del Chier une terre appelée del Glandaretz confrontant avec la rivière de Montane, sous la rente de 15 sous tournois. — Cette terre fut ensuite vendue 16 livres pour le rachat de ladite vente.

« *Rente fonciere deue sur le pré El Bech es apartenances du village de Chaunac.* »

Le 4 mai 1543, Jean Pignot Teyssier arrente à divers toute l'eau qu'ils pourront prendre et mener en la plus basse « levade » du pré dudit Teyssier, appelé la Gogo, pour la mener et conduire en un pré que possèdent les acquereurs, sous la rente annuelle et perpétuelle « d'un journail chascun qui y est quatre en tout ou 15 sols pour chasque journail à leur choix. »

« *Rente foncière à moy deue sur le pastural de Las Gouttas es apartenances du village de Chaunac.* »

Par contrat du 2 février 1548, Jean Teyssier échange avec Antoine Chastaing un pâturalat appelé *Las Gouttas*, contenant 4 journaux, contre une terre dudit Chastaing, mais la terre valant moins que le pâtural, Teyssier reçoit en plus une rente foncière annuelle et perpétuelle d'un eyminal d'avoine.

« Rente foncière sur les moulins del Deffoix »

Le 14 octobre 1548, Jean Pignot Teyssier et Léonard des Brotz, habitant au moulin del Deffoix, transigent au sujet d'un échange fait entre eux, moyennant payement d'une rente de 3 eymines de seigle et deux deniers d'argent et le droit de faire moudre tout le blé nécessaire à l'usage de Teyssier sans payer de droit de mouture.

« Rente à moy deue sur le pré de Condaillac »

Le 4 novembre 1528, François de Bar vend à Jean Pignot Teyssier la fondalité d'un pré appelé del Chemin, situé à Condaillac. Plus tard, autre Teyssier échange ce pré contre le cens d'une eymine de froment et une eymine d'avoine, mesure de Tulle, en se réservant la fondalité et directité.

« Rente constituée à nous deüx par le Roy et à prendre sur le receveur et payeur des rentes constituées en la généralité de Limoges. »

« Le 9 mars 1571, fust constitué rente par les commissaires à ce députés par le Roy aux héritiers de feu Jean Teyssier, receveur du taillon de la s mme de X livres à prendre sur l'équivalent et ce à cause de la somme deVIxx livres à laquelle ils avoient esté cotisés et par eux prestée et payée au Roy par quittance de sieur Cotereau du 16 février audit an, ledit contract signé de Lagarde, lieutenant commissaire, et de Porchier, commis du greffier. »

Signalons encore une rente due par « Jean Petit Brochz, m eusnier des Moulins des Brotz », qui était de : 1 setier de seigle pour partie de ses moulins, mais qui, tout spécialement, payait *« à cause du pré PIGNOT, une eymine seigle. »*
Nous arrêterons ici notre énumération, celles

que nous avons encore en notes ne nous parais-
sant pas suffisamment intéressantes pour l'histoire
de notre petite seigneurie limousine.

Mais à propos de cette dernière rente nous nous
permettrons une remarque :

Au début de ce travail, nous avons tronqué le
nom d'un des plus anciens Teyssier : nous avons
écrit *Jean Peyrot Teyssier* (d'autres l'ont fait
avant nous) tandis que nous devions écrire *Jean
Pignot* Teyssier. Les vieux manuscrits ne sont
pas toujours faciles à lire, et une première faute
de lecture commise se corrige difficilement ; mais
nous avons si souvent trouvé ce nom de PIGNOT,
dans l'étude que nous venons de faire, que nous
n'hésitons pas à l'énoncer comme exact. — C'est
le pré PIGNOT de Chaunac qui nous procure
l'occasion de le dire.

Attenant à ce pré *Pignot* se trouvait le pré de
lo Gogo où était planté le poteau de démarcation
de la justice de Chaunac, comme nous l'apprend
le manuscrit de Teyssier.

« Le premier de septembre 1548, Jean Pignot
Teyssier baille à prix faict à Jean dit Bourguet de
Lafeu une estanchade avec chevalet qui merque
la Justice au pré lo Gogo ». Contrat reçu par
Sodeilles, notaire royal et apostolique de Tulle.

Et à propos de démarcations de justice, le manuscrit dit que le 3 juillet 1365, devant les assises
générales tenues par le sénéchal du Limousin,
Rodolphe de Peyrac, avait déposé une plainte
contre le seigneur évêque de Tulle parce qu'il avait
fait mettre ses fourches patibulaires dans une
vigne dudit Peyrac, contre sa volonté. Il requiert
que cet instrument de justice soit enlevé.

L'évêque soutient être seigneur justicier sur ce
point, mais il lui est ordonné de remettre les choses
en l'état primitif.

GÉNÉALOGIE DES TEYSSIER DE CHAUNAC

Au début de ce travail, nous donnions une généalogie des *Chanac*, des *Chaunac* et des *Teyssier de Chaunac* faisant remarquer que le document que nous citions, bien que provenant de la Bibliothèque nationale, était un peu fantaisiste en mêlant ces trois familles qui n'ont entre elles aucune filiation. Nous ne pouvions alors qu'émettre des doutes, tandis qu'aujourd'hui nous sommes en mesure de donner la certitude que les Chanac, les Chaunac et les Teyssier de Chaunac sont trois familles bien distinctes les unes des autres.

Nous avons donné la filiation des Chanac depuis *Imon*, en 924, jusqu'à *Hélie*, en 1410-1415. Cette généalogie est exacte.

Après cela nous disions, avec raison, que là commençait l'hypothèse en reliant les Chanac aux Chaunac. Nous avons vu au début du chapitre sur *La Seigneurie* qu'avant 1415 il y avait un Ponce de Chaunac qui avait pour fils Éymar. Le manuscrit de M. Teyssier de Chaunac, écrit vers 1629, dit à ce sujet : « Le plus ancien seigneur de Chaunac qu'on trouve estoit *Ponce* duquel estoit sorty *Eymar* et dudit Eymar, aultre *Eymar* et *Raymond* »

Bien qu'en puisse dire cet avocat au Parlement

qui nous semble pourtant bien connaître Chaunac et tout ce qui s'y rapporte, nous pouvons citer un autre membre de cette famille des Chaunac qui vivait longtemps avant 1415.

Pour cela nous n'avons qu'à nous reporter au folio 55 de son manuscrit où il écrit :

La veille de St Philipe et St Jacques 1337 (*sic*) Jean del Chastaing recoignoit à *Guillaume de Chaunac, seigneur dudit Chaunac* à cause du passaige de l'eau de Ceronclet par la terre del Valador dudit sʳ à un pré dud. Chastaing appellé de Mira Dona, geline 1, payable à Noël. ᵗᵒd. contract en bonne forme et signé par Soler.

Voici donc le premier des Chaunac que nous connaissions : *Guillaume de Chaunac* qui vivait probablement dès le XIIIᵉ siècle.

Nous avons suivi Eymar et Raymond jusqu'en 1441, époque ou Eymar échange sa chatelenie de Chaunac contre les villages de Chassolonia et Salvagnat ; tous les doutes sont donc levés en ce qui concerne les Chaunac du XVᵉ siècle, mais que devinrent ces de Chaunac authentiques ? — Cela est plus difficile à dire, cependant nous en retrouvons des traces dans une note de M. Teyssier en 1628. Il écrit :

Le sieur lieutenant des Esleus m'a dit que dans les archives du chapitre de cette ville [Tulle] y avoit une transaction faicte entre le sieur evesque et Eymar de Chaunac pour les cotités des uns et des autres [cotités de rentes dues aux divers seigneurs de Chaunac] et que près de Meyranne, à Souilhac, que je crois, y avoit un gentilhomme, des descendantz dudit Eymar, qui signoit encore Chaunac et avoit force tiltres.

Nous savons encore que Etienne-Jean-Joseph

Teyssier, sieur du Mazel, avocat au Parlement, fils de Jean II (l'auteur du manuscrit que nous citons), épousa, le 7 janvier 1667, Jeanne Eymée de Fénis, fille d'Ignace de Fénis, sieur de La Prade et autres places, conseiller du roi en tous ses conseils, sénéchal de Tulle, et de dame Madeleine de Saint Chamant, son épouse ; ce qui nous porterait à croire que les armes sculptées dans le calcaire, dont nous avons parlé et donné un dessin page 20 de ce volume, sont les armes de la femme de Teyssier du Mazel.

(Un fénix aux ailes éployées au-dessous desquelles sont posées deux coquilles, une à dextre, l'autre à senestre).

C'est là tout ce que nous savons de cette famille après ce que nous en avons déjà dit.

Nous ne nous occuperons pas des Teyssier précédant ceux qui ajoutèrent le nom de Chaunac au leur, nous remarquerons cependant que le premier de cette famille, que nous avons trouvé dans nos recherches, est Guillaume Teyssier qui, en 1470, achète une terre au puy Donarel, son fils Pierre, *dit Carpe*, marié à Juliane del Peschadour, la revendait en 1512.

Les Teyssier firent comme beaucoup d'autres commerçants tullois du XVIe siècle, ils voulurent s'ennoblir et selon les expressions de M. Petit, l'érudit archiviste du département de la Corrèze, « ces marchands enrichis par le commerce des draps et toiles prenaient place, tout naturellement, dans la haute bourgeoisie de la ville. De là, ils aspiraient à la noblesse, ou du moins aux apparences de la noblesse, à défaut de la réalité. Dans ce but, ils acquéraient, à prix d'argent, des fiefs ou des rentes inféodées et poussaient leurs fils dans la magistrature et le clergé. Ces derniers n'avaient plus qu'à faire précéder leur nom patronimique de la particule prétendue nobiliaire et à y accoler le titre de *sieur* suivi du nom du village où ils possédaient des redevances féodales, pour que dès lors l'évolution fut accomplie. » (1)

Nos bons vieux bourgeois de Tulle étaient pourtant quelquefois troublés dans la jouissance de leur soi-disant titres de noblesse, puisque Jean Teyssier de Chaunac écrit ce qui suit dans le livre de raison que nous avons sous les yeux :

Plusieurs actes authentiques faicts par devant Monseigneur de Tulle et par devant le sieur lieutenant Des Esleus ont toujours qualifié mon père *sieur de Chaunac...* Il y a quelques procédures faictes par nostre juge de Chaunac qui servent pour la possession de la justice.. Le 8 may 1629 led. sieur lieutenant des Esleus baille sa déclaration aux francs fiefs ou il obmet ce qu'il a de rente à Chaunac... Le 4 aoust 1636 intervient arrest en lad. cour entre lad. damoiselle de Maruc, Henry Fagerdie, son filz et moy, par lequel *je suis réintégré à me qualifier sieur de Chaunac et aux droicts de Seigneur* et ordonne que l'arrest de l'an 1584 sera exécuté par led. de Maruc et Fagerdie... Depuis et le 17 febvrier 1640 j'ay transigé avec ledit sieur lieutenant Des Esleus, il m'a vendu tout ce qu'il avoit à Chaunac.

Les descendants de Jean Teyssier purent donc à loisir s'intituler *de Chaunac*. Ils étaient devenus seuls possesseurs de la seigneurie du Bas-Limousin que nous venons d'étudier.

---

(1) **A.** Petit, *Charles de La Fagerdie et les jeux de l'Eglantine à Tulle.*

GÉNÉALOGIE DES TEYSSIER DE CHAUNAC

Ier Deg·é. — 1597.

Jean Ier Teyssier. Seigneur de Chaunac, ci-devant conseiller du roi, trésorier général de la généralité de Limoges.

Epousa Marguerite du Verdier de Ginouilhac.

Ce fut ce Teyssier qui, en 1597, acheta la châtellenie de Chaunac à Mercure de Sainte Fortunade.

De ce mariage : *IIe Degré*, naquirent deux enfants : Marie et Jean :

I. — *Marie de Teyssier* qui, en 1626, épouse Légier Plasse, seigneur de Malfumat, juge de la baronnie de Gimel, fils de François Plasse, notaire à Corrèze, et de Catherine Terriou.

II. — *Jean 2e Teyssier*, Seigneur de Chaunac, avocat au parlement de Bordeaux, qui reçut, le 7 mars 1631, de sa mère, Marguerite du Verdier, l'entière hérédité de son père.

Ce Jean 2e épousa Julienne de Jarrige dont il eut cinq enfants : Hyacinthe, Julienne et X. X. (M. d'Ambert de Sérilhac, qui nous a fourni cette généalogie, dit qu'il n'est pas absolument certain de la filiation de ces trois premiers enfants et que les ayant trouvés dans les actes et ne sachant au juste où les placer (ou pour mieux dire à qui les attribuer — les rattacher, serait plus correct — il les attribue à cette branche formant le 2e degré). Après ces trois enfants, il en vint, semble-t-il, deux autres : Etienne-Jean-Joseph et Blaise.

Voyons ce que furent ces cinq enfants :

1° *Hyacinthe Teyssier* fut prieur de Chauzat (?) et plus tard curé de Darazac (Corrèze).

2° *Julienne Teyssier* était abbesse de Coiroux (6 novembre 1706).

3° *Teyssier de Régis* lieutenant assesseur au sénéchal d'Uzerche, en 1717. De ce Teyssier, on trouve un traité avec son frère (?) Hyacinthe en 1679.

Viennent ensuite les deux enfants dont la filiation est certai:ee :

4° *Etienne-Jean-Joseph Teyssier*, sieur du Mazel, avocat au parlement de Bordeaux, marié à Madeleine de Saint-Chamant. Ils eurent deux enfants : Catherine et Jean-Joseph.

Catherine Teyssier de Preyssac mourut en 1758, sans alliance (cette filiation n'est pas absolument prouvée).

Jean-Joseph Teyssier, seigneur de Chaunac, bâchelier en droit de la Faculté et Université de Paris.

Ce Teyssier est mort jeune, car on voit son père doter ses nièces et laisser son entière fortune à l'une d'elles, l'aînée Mme de Lauthonie.

5° *Blaise Teyssier du Mazel*, qu'on trouve en 1698 (quelques fois qualifié Teyssier de Chaunac) écuyer, seigneur de Chaunac, du Mazel, de Boissy, capitaine de cavalerie au régiment de Conty, chevalier de Saint-Louis, épousa Marianne de Baluze de Boissy, fille unique de Martin Baluze de Boissy et de Marie de Bardoulat de la Salvanye (1). Ils eurent quatre filles : Jeanne-Aymée, Jeanne-Anne-Françoise, X... X.... et Marie-Thérèse.

Jeanne-Aymée de Teyssier de Chaunac épousa, le 5 avril 1740, Jean-Charles de Lauthonye, chevalier, seigneur de Lagarde, fils d'Armand de Lauthonye et de Marie de Chabannes.

Jeanne-Anne-Françoise Teyssier de Chaunac épousa, le 17 mars 1748, Messire Jean-Pierre d'Auteroche, écuyer, seigneur baron d'Auteroche et autres lieux, habitant son château de l'Audubertie, paroisse du Puy-d'Arnac, Bas-Limousin.

X... Teyssier de Chaunac épousa, le 26 août 1747, Messire de Tarnac, chevalier, baron de Tarnac.

---

(1) Marianne mourut le 28 avril 1723, enceinte de 4 mois ; elle fut ouverte et on reconnu qu'elle portait une fille qui ne vécut que peu d'instants.

Marie-Thérèze Teyssier de Chaunac épousa, le 16 avril 1747, Jean de Loyac, chevalier seigneur de la Bachellerie, le Breuil, le Verdier et autres lieux

Nota. — Jeanne-Aymée de Teyssier de Chaunac et Jean-Charles de Lauthonye, pour éviter la disparition du nom de Chaunac, qui n'avait plus de représentant mâle, s'engagèrent à donner ce nom à un de leurs futurs enfants mâles.

Aymée de Teyssier réunit en presque totalité la fortune de son oncle Etienne-Jean-Joseph Teyssier (1).

---

(1) Cette généalogie est extraite des documents composant les archives du château de Lagarde dont M. d'Ambert de Sérilhac est propriétaire. — Nos remerciements à M. d'Ambert pour son aimable communication.

V. FOROT.

DU MEME AUTEUR

Victor Forot, à Bourrelou, Tulle

—

Un Chemin de Fer en Tyrol méridional, in-4° de 16 pages avec 34 plans ou dessins des travaux exécutés, 1ʳᵉ édition. Imp. Scotoni et Vitti, à Trente (Tyrol autrichien), 1895.

2ᵉ Edition, imp. Mazeyrie, à Tulle 1899 (ce travail a obtenu une médaille d'argent à l'Exposition universelle de Paris en 1900).

Album des Plans et Dessins de Détails des Travaux exécutés pour un Chemin de Fer a la voie de 1 m 50. Deux vol. in-4° contenant environ 400 planches. Imp. de l'Institut géographique militaire d'Autriche à Vienne 1895. Exposition d'Amsterdam, médaille d'argent, 1ʳᵉ classe.

Étude sur les Monnaies et Médailles antiques et modernes, grand in-8°. Imp. Scotoni et Vitti, à Trente, 1897.

Le Maitre-Autel de Naves et son Rétable, ouvrage orné d'une carte de la Commune et de 21 simili-gravures hors texte. Tulle, Imp. Mazeyrie, 1902.

La Guerre des Bonnets a Tulle, *Episode révolutionnaire en 1792*. Tulle, Imp. de la Gutenberg, 1903.

Une Vicairie civile en Bas-Limousin, *anciennes divisions territoriales et administratives du IXᵉ au XIIᵉ siècle*, avec 2 cartes et 13 gravures. Tulle, Impr. Mazeyrie, 1903.

Arrestations a Tulle sous la terreur, *Episodes révolutionnaires* en 1793-1794. Tulle, Imp. Crauffon, 1904.

Les Sculptures de l'Eglise de Naves, album de 21 phototypies d'un chef-d'œuvre du xviiᵉ siècle, in-8°. Tulle Imp. Crauffon, 1904.

Les Fêtes nationales et Cérémonies publiques a Tulle sous la Révolution et la première République, avec une gravure hors texte. Brive, Imp. Roche, 1904.

Monographie de la Commune de Naves (Corrèze), avec cartes et nombreuses gravures dans le texte et hors texte. Tulle, Imp. Crauffon 1905.

Le Royal-Navarre-Cavalerie et ses Chefs en Corrèze, *Episodes révolutionnaires en 1791*, en cours de publication dans le *Bulletin de la Société scientifique, historique et archéologique de la Corrèze*. Brive, Imp. Roche, 1905.

Une Seigneurie du Bas-Limousin, en cours de publication dans le *Bulletin de la Société des Lettres, Sciences et Arts de la Corrèze*, avec nombreuses gravures. Tulle, Imp. Crauffon, 1905.

Essais historiques sur les Environs de Tulle : *Laguenne, Sainte-Fortunade Chanac, les Angles et Naves*, en cours de publication dans *Lemouzi*, organe de la fédération provinciale du Limousin et de la Ruche corrézienne de Paris. Brive, Imp. Roche, 1905.

L'année de la Peur a Tulle, *Episodes révolutionnaires* en 1789-1790. Tulle, Imp..de la Gutenberg, 1905.

Etude sur les Ruines Gallo-Romaines de Tintignac, commune de Naves (Corrèze), avec une carte, sept plans, trente-trois gravures dans le texte, phototypie hors page. Tulle, Imp. Crauffon, 1905.

L'Aliénation des Biens du Clergé a la Révolution, étude initiale sur des documents inédits. 1re partie : Diocèse de Tulle. Paris, librairie Vic et Amat. 14, rue Cassette.

La Prise de Possession d'une Cure en Bas-Limousin, in-8°. Ducourtieux, Limoges, 1906.

POUR PARAITRE PROCHAINEMENT

Sainte-Fortunade, canton de la Corrèze pendant la Révolution et la première République.

Les *Sculpteurs du Bas-Limousin et leurs Œuvres au XVIIe siècle.*

Les *Amis de la Constitution à Tulle.* Délibérations de cette société, de 1790 à 1794.

Le *Papier marqué limousin depuis son Origine.*

Les *Métiers d'autrefois et plus particulièrement ceux du Bas-Limousin.*

Les *Papetiers tullois et les Moulins.*

Les *Thermidoriens tullois 1794-1799.*

Un *Domaine royal en Bas-Limousin.*

L'*An 1789 à Tulle.*

La *Corrèze pittoresque, monumentale et artistique.*

Un *Duel mortel à Tulle au XVIIIe siècle.*

Le *Trousseau d'un Bourgeois de Tulle au XVIIIe siècle.*